Tom Rune Fløgstad & Grete Helle

Ich leite eine Kita

Methoden, Werkzeuge und Vorlagen

Tom Rune Fløgstad, Grete Helle

Ich leite eine Kita

Methoden, Werkzeuge und Vorlagen

Ich leite eine Kita

Impressum

Autoren: Tom Rune Fløgstad & Grete Helle
Übersetzung: Hanna-Katharina Meyer für LUND Languages, Köln
Lektorat: Lektorat Berlin, www.lektoratberlin.net
Gestaltung: Stefan Müssigbrodt, www.muessigbrodt.com
Illustrationen: Milen Vitanov (Titel), Annika Zipperling
Druckerei: LASERLINE Digitales Druckzentrum Bucec & Co. Berlin KG

Gedruckt auf chlorfrei gebleichtem Papier

Die norwegische Originalausgabe erschien unter dem Titel „Verktøy som virker i verdistyrte barnehager"
© Tom Rune Fløgstad & Grete Helle and Kommuneforlaget 2016
First published in the Norway in 2016 by Kommuneforlaget AS, www.kommuneforlaget.no
All rights reserved

Die Übersetzung wurde finanziell unterstützt durch NORLA.

Die Fotos auf den Seiten 18, 19, 30, 60, 66, 69, 88 und 95 haben wir mit freundlicher Genehmigung durch den Kommuneforlaget nachgestellt, um unseren LeserInnen den Inhalt zugänglich zu machen.

Bananenblau – Der Praxisverlag für Pädagogen
E-Mail: info@bananenblau.de
www.bananenblau.de

© Bananenblau 2016
ISBN 978-3-942334-71-6
2. Auflage 2020

Alle verwendeten Texte, Fotos und grafischen Gestaltungen sind urheberrechtlich geschützt und dürfen ohne Zustimmung des Urhebers bzw. Rechteinhabers außerhalb der urheberrechtlichen Schranken nicht von Dritten verwendet werden, insbesondere, jedoch nicht abschließend, weder vervielfältigt, bearbeitet, verbreitet, öffentlich vorgetragen, aufgeführt, vorgeführt oder zugänglich gemacht, gesendet oder sonst wie Dritten zugänglich gemacht werden.

Inhalt

Brainstorming mit gelben Zetteln 10
Brainstorming ohne gelbe Zettel 12
Der Galerie-Rundgang 17
IGP 21
PGP 24
Y-Diagramm 28
Die Café-Runde 31
Argumentationskarte 33
Bloomsche Taxonomie 36
Die fünf W-Fragen 42
Die sechs Denkhüte 44
Offene und geschlossene Fragen 54
Der Parkplatz 56
Plus-Delta 58
PMI 62
Venn-Diagramm 64
WMFL 67
Netzdiagramm 70
Ursache-Wirkungs-Diagramm 73
SWOT-Analyse 75
Fischgrätendiagramm 82
Lotusdiagramm 87
Minilotus 92
Gedächtnislandkarte 95
Prozessablaufplan 97
Flussdiagramm 102
ReKo 107
Verwandtschaftsdiagramm 112
Der PDSA-Zyklus 117
Der magische Strich 121
Kompetenztreppe 123
Individuelle Einzelgespräche 127
Abstimmungsverfahren 130
Tagesordnung und Protokoll 133
Maßnahmenplan 137
Handlungsplan 138
Checkliste für Mitarbeitergespräch 139

Ich leite eine Kita

Werkzeuge nach Themen

Werte

Brainstorming mit gelben Zetteln   10
Brainstorming ohne gelbe Zettel   12
Der Galerie-Rundgang   17
IGP   21
PGP   24
Die Café-Runde   31
Y-Diagramm   28

Analyse, Bewertung, Reflexion und Auswertung

Argumentationskarte   33
Bloomsche Taxonomie   36
Die fünf W-Fragen   42
Der magische Strich   121
Die sechs Denkhüte   44
Fischgrätendiagramm   82
Der Galerie-Rundgang   17
Die Café-Runde   31
Der Parkplatz   56
Plus-Delta   58
PMI   62
Netzdiagramm   70
Tagesordnung und Protokoll   133
SWOT-Analyse   75
Offene und geschlossene Fragen   54
Venn-Diagramm   64
WMFL   67
Y-Diagramm   28
Ursache-Wirkungs-Diagramm   73

Planung

Flussdiagramm   102
Handlungsplan   138
Lotusdiagramm   87
Minilotus   92
Prozessablaufplan   97
Tagesordnung und Protokoll   133
Gedächtnislandkarte   95
Maßnahmenplan   137
WMFL   67

Qualitätsentwicklung

Bloomsche Taxonomie   36
Brainstorming mit gelben Zetteln   10
Brainstorming ohne gelbe Zettel   12
Die sechs Denkhüte   44
Der Galerie-Rundgang   17
Die Café-Runde   31
Lotusdiagramm   87
Minilotus   92
Der PDSA-Zyklus   117
ReKo   107
Verwandtschaftsdiagramm   112
Gedächtnislandkarte   95
Offene und geschlossene Fragen   54
WMFL   67
Y-Diagramm   28

Methoden, Werkzeuge und Vorlagen

Qualitätssicherung

Flussdiagramm **102**
Prozessablaufplan **97**
ReKo **107**

Elternzusammenarbeit

Der Galerie-Rundgang **17**
Die Café-Runde **31**
Lotusdiagramm **87**
Der Parkplatz **56**
Plus-Delta **58**
Venn-Diagramm **64**
Y-Diagramm **28**

Problemlösung

Bloomsche Taxonomie **36**
Die sechs Denkhüte **44**
Fischgrätendiagramm **82**
Flussdiagramm **102**
Der Parkplatz **56**
Der PDSA-Zyklus **117**
Plus-Delta **58**
PMI **62**
Prozessablaufplan **97**
Verwandtschaftsdiagramm **112**
Offene und geschlossene Fragen **54**
WMFL **67**
Ursache-Wirkungs-Diagramm **73**

Werkzeuge für Kinder, die gemeinsam mit Erwachsenen eingesetzt werden

Bloomsche Taxonomie **36**
Die fünf W-Fragen **42**
Die sechs Denkhüte **4**
Minilotus **92**
Der Parkplatz **56**
Plus-Delta **58**
Venn-Diagramm **64**
WMFL **67**
Y-Diagramm **28**

Kompetenzentwicklung

Bloomsche Taxonomie **36**
Die sechs Denkhüte **44**
Der magische Strich **121**
Individuelle Einzelgespräche **127**
Kompetenztreppe **123**
Mitarbeitergespräch **139**
Der Parkplatz **56**
Der PDSA-Zyklus **117**
Plus-Delta **58**
PMI **62**
SWOT-Analyse **75**

Abstimmungsverfahren

Kriteriengestützte Abstimmung **130**
Teile durch 2 und füge 1 hinzu **131**
Gold, Silber und Bronze **131**

Ich leite eine Kita

Einleitung

Werkzeuge haben stets demselben Zweck gedient. Seit der Steinzeit hat man Instrumente entwickelt, um die physische Leistungsfähigkeit des jeweiligen Nutzers zu erhöhen. Das Rad war eine phantastische Neuerung, Pfeil und Bogen erhöhten die Reichweite des Jägers enorm, das Kanu ermöglichte es, an Stellen heranzukommen, die man schwimmend nicht sicher erreicht hätte. Später gestattete das Telefon die Erweiterung der Hörfähigkeit, die Brille ermöglichte dem Menschen eine bessere Sicht, und das Mikrofon erhöhte die Reichweite der menschlichen Stimme. Werkzeuge, Instrumente und Methoden haben sich im Laufe der Zeit verändert. Heutzutage werden Werkzeuge unter anderem zur Steigerung der Denkfähigkeit des Individuums oder jeder Gruppe angefertigt, die sich für deren Einsatz entscheidet.

In diesem Buch werden einige dieser Werkzeuge vorgestellt. Sie werden Werkzeuge für die Verwirklichung der Wertegrundlage der Kindertagesstätte, für Elternzusammenarbeit, Mitarbeiterentwicklung sowie für Qualitätssicherung und Qualitätsentwicklung der Kindertagesstätte vorfinden. Hier begegnen sie Methoden zur Verbesserung der Reflexion, der Kreativität, der Fähigkeit zur Problemlösung und der Bewertungs- und Analysekompetenz. Einige Werkzeuge sind auch hervorragend für den gemeinsamen Einsatz mit Kindern geeignet. Dabei können deren Stimme, deren Wünsche und deren Recht auf Mitbestimmung berücksichtigt werden. Die Werkzeuge sind demokratisch ausgelegt: Alle kommen zu Wort, und Sie werden viele Methoden entdecken, die sowohl Mitbestimmung als auch Eigenständigkeit fördern. Einige Werkzeuge sind äußerst simpel – was sowohl ihr Verständnis als auch ihre Handhabe betrifft. Andere erfordern Übung und Ausdauer.

Das Buch ist in mehrere Ebenen aufgeteilt. Sie werden Werkzeuge vorfinden für:

- Werte
- Analyse, Bewertung, Reflexion und Auswertung
- Planung
- Qualitätssicherung
- Qualitätsentwicklung
- Problemlösung
- Kompetenzentwicklung
- Elternzusammenarbeit
- Kinder (zusammen mit Erwachsenen)

Sie werden auch feststellen, dass mehrere Werkzeuge unter viele Überschriften passen. Sie können verschiedene Anwendungsbereiche haben und für mehr als nur eine Art von Aufgabe sinnvoll sein! Wir haben auch einige Vordrucke einbezogen, die wir im Hinblick auf den Einsatz in der Kindertagesstätte für nützlich erachten. In dem Buch **„Ich leite eine Kita. Fachwissen, Werte und Erfolgsgeschichten"** werden Sie viele weitere Beispiele aus Kindertagesstätten finden. Zudem werden dort Werkzeuge und Methoden in einen ganzheitlichen Kontext gestellt. Wir wären allerdings wohl miserable Pädagogen, wenn wir den Anlass nicht dazu genutzt hätten, auch hier die Aufmerksamkeit auf das Ganze zu lenken. Wenn es uns gelingen soll, gute Kindertagesstätten zu schaffen, müssen die Leiter darauf den Fokus richten! Wir vergleichen die ganzheitliche Entwicklung von Kindertagesstätten häufig mit dem Backen eines Kuchens. Alle Zutaten müssen an Ort und Stelle sein, damit der Kuchen gelingt. Für richtige Backzeit und Temperatur müssen wir ebenfalls sorgen, und wenn wir die Backform nicht einfetten, wird uns alles misslingen. Methoden und Werkzeuge vergleichen wir mit der Dekoration auf dem Kuchen. Wenn wir zuerst die Dekoration essen oder wenn nur Dekoration vorhanden ist, wird uns kein besonderer Kuchen gelingen, nicht wahr?

Wir hoffen, dass Sie dieses Buch als Ideendatenbank nutzen werden – als Brunnen, aus dem Sie schöpfen können. Wir würden uns freuen, wenn das Buch zu einem regen Einsatz käme – und noch viel mehr, wenn Sie uns Geschichten über bzw. Beispiele für den Gebrauch der Werkzeuge zusenden. Wir teilen diese dann mit anderen Fachkräften in Kindertagesstätten. Auf diese Weise tragen Sie dazu bei, dass weitere Kreise im Wasser gezogen werden.

Sie erreichen uns über **post@ringerivann.no**, finden uns auf **www.ringerivann.no** und **www.facebook.com/ringerivann**.

Oslo, Dezember 2015

Grete Helle und
Tom Rune Fløgstad

Ich leite eine Kita

Brainstorming mit gelben Zetteln

Themen: ➪ Werte ➪ Qualitätsentwicklung

Was ist Brainstorming mit gelben Zetteln?

Brainstorming ist ein kreatives Werkzeug, das auch als Ideenfindung oder Ideensammlung bezeichnet wird. Brainstorming wird eingesetzt, um innerhalb kürzester Zeit eine Vielzahl an Ideen zu finden. Brainstorming mit gelben Zetteln lässt sich auf zweierlei Weise durchführen: strukturiert und unstrukturiert. Beim strukturierten Brainstorming tragen alle Teilnehmer nacheinander ihre Idee vor. Sie können auch in einer Runde aussetzen und in der nächsten Runde eine neue Chance bekommen. Beim unstrukturierten Brainstorming tragen die Teilnehmer ihre Ideen in der Reihenfolge vor, in der die Ideen jeweils auftauchen. Es ist oftmals eine gute Idee, mit einem strukturierten Brainstorming zu beginnen, um erst danach zu einem unstrukturierten Brainstorming überzugehen – je nachdem, ob und inwieweit die Teilnehmer aussetzen.

Wann kann Brainstorming mit gelben Zetteln eingesetzt werden?

Brainstorming mit gelben Zetteln ist ein gutes Werkzeug, wenn es sowohl erforderlich ist, innerhalb kürzester Zeit eine Vielzahl an Ideen zu erarbeiten, als auch zu gewährleisten, dass nichts übersehen wird und dafür zu sorgen, dass die gesamte Abteilung oder das gesamte Personal an der Aufgabenlösung beteiligt ist. Brainstorming mit gelben Zetteln ist auch dann gut geeignet, wenn es wünschenswert erscheint, eine Atmosphäre der Kreativität und Offenheit herzustellen.

Wie wird Brainstorming mit gelben Zetteln durchgeführt?

1 Wählen Sie einen Gruppenleiter. Der Gruppenleiter ist dafür zuständig, die Gruppe zu leiten sowie dafür zu sorgen, dass alle Regeln für das Brainstorming genau befolgt werden. Der Gruppenleiter ist auch für die Einhaltung der vorgegebenen Zeit zuständig. Die Anzahl der Gruppenmitglieder sollte zwischen vier und sieben betragen. Es dürfen auch mehr sein, aber dann sollte man beachten, dass sich leicht Untergruppen bilden können!

2 Erörtern Sie das Problem/die Aufgabe. Nehmen Sie sich mindestens fünf Minuten Zeit, um sich darauf zu einigen, was die Problemstellung beinhaltet. Worin besteht die eigentliche Aufgabe, die Sie zu lösen haben? Sorgen Sie dafür, dass alle dieselbe Auffassung vertreten, bevor Sie fortfahren. Entscheiden Sie sich für strukturiertes oder für unstrukturiertes Brainstorming.

3 Kleben Sie mindestens drei Flipchartblätter zusammen und hängen Sie diese an die Wand. Benutzen Sie schwarze Marker und notieren Sie die Frage, die Sie erarbeitet haben, oben links. Beispiel:

- „Was hindert uns daran …?"
- „Worin besteht das größte Problem darin, zu …?"
- „Was müssen wir tun, um …?"

Verteilen Sie ca. 12 × 8 cm große Klebezettel (etwa Post-it) und Kugelschreiber, damit alle groß und deutlich schreiben können. Beginnen Sie das Brainstorming mit dem Einsammeln von Ideen. Schreiben Sie auf jeden Klebezettel eine Idee oder eine Maßnahme. Formulieren Sie jede Idee ganz konkret, vermeiden Sie Stichworte und Abkürzungen, und formulieren Sie vollständige Sätze, damit

Sie deren Sinn auch später noch verstehen. Jedes Gruppenmitglied notiert seine Antworten auf die jeweilige Fragestellung – ein gelber Zettel für jede Idee. Daran schließt sich die Stillarbeit an, etwa zehn bis 15 Minuten. Die Zettel können am Flipchart angebracht werden – entweder nacheinander oder wenn jemand eine ausreichende Menge an Zetteln fertig hat. Werfen Sie einen Blick auf das, was die anderen geschrieben haben, wenn Sie Ihre eigenen Zettel aufhängen. Vielleicht ergibt sich ja durch ihre Arbeit eine neue Idee? Zum Schluss liest der Gruppenleiter alles vor, was auf den Zetteln steht. Wenn etwas unklar formuliert ist, wird es jetzt berichtigt. Aber denken Sie bitte daran: Zulässig ist weder eine Diskussion noch Kritik! Sollten immer noch Ideen auftauchen, tragen Sie diese auf dem Blatt ein.

Sofern Sie mit einem strukturierten Brainstorming arbeiten und einem Teilnehmer die Ideen ausgegangen sind, ist dies der Zeitpunkt, auszusetzen und das Wort weiterzugeben. Lachen Sie mit den Teilnehmern über möglicherweise verrückte Ideen, nicht über sie. Seien Sie übermütig und spontan: Es gibt keine dummen Ideen! Haben Sie Spaß an der Sache! Kombinieren Sie Ideen auch mal miteinander, denn es gibt weder meine noch deine Ideen, sondern nur die Ideen der Gruppe. Führen Sie die Arbeit rasch durch. 15 Minuten können ausreichend sein, um 20 bis 50 Ideen zu erzeugen (manche sagen: 35 bis 100!).

Wie zieht man den größtmöglichen Nutzen aus dem Brainstorming mit gelben Zetteln?

Verschiedene Abstimmungsmethoden sind nach einem Brainstorming empfehlenswert, um herauszufinden, welche Ideen „Sternschnuppen" sind – die besten Ideen. Es gibt mehrere Vorschläge für die Verfahren zur Abstimmung im Buch (S. 130). Indem man über die besten Ideen abstimmt, setzt man auch Prioritäten für die weitere Arbeit. Es können dann Gruppen gebildet werden, denen die Aufgabe übertragen wird, mit den Sternschnuppen weiterzuarbeiten. Dies lässt sich

> ### Bitte beachten Sie:
>
> Um ein gutes Ergebnis zu erzielen, ist es wichtig, Folgendes zu beachten:
>
> **1. Kritik ist nicht zulässig!**
>
> Im Laufe des Prozesses ist es weder erlaubt, die Ideen der anderen zu kritisieren noch sie zu beurteilen. Kritik kann dazu führen, dass die Gruppenmitglieder damit aufhören, ihre Ideen vorzubringen.
>
> **2. Jeder Teilnehmer muss dieselbe Möglichkeit haben, seine Ideen vorzubringen.**
>
> Kein Teilnehmer darf die anderen dominieren. Dies können Sie erreichen, indem Sie das Wort reihum erteilen, sodass eine Idee nach der anderen hervorgebracht wird.
>
> **3. Quantität geht vor Qualität.**
>
> Es müssen so viele Ideen wie möglich produziert werden. Jede Idee gebiert eine neue Idee: Darin liegt die Stärke eines Brainstormings!
>
> **4. Ermuntern Sie zum „Aufspringen" auf die Ideen der anderen!**
>
> Das heißt, dass die Teilnehmer der Gruppe versuchen sollten, sich beim Entwickeln neuer Ideen von den bereits vorgebrachten Ideen der anderen inspirieren zu lassen. „Aufspringen" heißt nicht, die Ideen der anderen zu berichtigen oder Ergänzungen auf deren Zetteln vorzunehmen, sondern eigene Sätze zu formulieren, die aufgreifen, was andere bereits vorgebracht haben und was unserer Ansicht nach besser oder deutlicher ist.

zum Beispiel mithilfe der Werkzeuge Café-Runde (S. 31), Lotusdiagramm (S. 87) und Minilotus (S. 92) bewerkstelligen. Ansonsten wird das Brainstorming in der Eingangsphase im Zusammenhang mit den Werkzeugen Prozessablaufplan (S. 97), Flussdiagramm (S. 102) und Verwandtschaftsdiagramm (S. 112) eingesetzt.

Ich leite eine Kita

Brainstorming ohne gelbe Zettel

Themen: ⇨ Werte ⇨ Qualitätsentwicklung

Was ist Brainstorming ohne gelbe Zettel?

Brainstorming ohne gelbe Zettel ist ein kreatives Werkzeug, das denselben Prinzipien folgt, die in dem Abschnitt „Brainstorming mit gelben Zetteln" beschrieben wurden. Der Unterschied besteht darin, dass die erarbeiteten Ideen auf einen Flipchart geschrieben und die Blätter an die Wand gehängt werden, je nachdem, wie diese aufgefüllt werden. Es können bis zu zehn Teilnehmer an jeder Gruppe beteiligt sein. Brainstorming ohne gelbe Zettel erfolgt zunächst in Gruppen und zuletzt in einem Plenum, bei dem alle Gruppen versammelt sind.

Wann kann Brainstorming ohne gelbe Zettel eingesetzt werden?

Wir empfehlen den Einsatz dieses Werkzeugs, wenn die Kindertagesstätte Wertedokumente erarbeiten soll, die als Grundlage dienen sollen, wodurch jeweils eine Richtung vorgegeben und verdeutlicht wird, was im Alltag von jedem einzelnen Mitarbeiter erwartet wird. Aktuelle Wertedokumente enthalten die Sicht der Kindertagesstätte auf Fürsorge, Spielen, Lernen und Bildung, Kindersicht, gegenseitige Verpflichtungen zwischen den Kollegen und gegenüber den Vorgesetzten. Im Fall der Erstellung solcher Dokumente hängt der Erfolg davon ab, dass alle Angestellten bei der Beeinflussung des Endergebnisses dabei sein durften. Die Wertedokumente sollten nicht zu umfangreich sein. Wir empfehlen fünf Sätze als angemessene Größenordnung. Alle sollen sich nämlich daran erinnern können – jeden Tag – und daher dürfen es nicht zu viele sein!

Wie wird Brainstorming ohne gelbe Zettel durchgeführt?

Erarbeiten Sie einen „Ausgangssatz". Dieser könnte beispielsweise folgendermaßen aussehen: *„Zur Aufrechterhaltung und Schaffung eines guten Kooperationsklimas in der Personalgruppe muss ich ..."*

PHASE 1 wird in Gruppen abgewickelt

1. Nehmen Sie Kugelschreiber und Papier mit!

2. Wählen Sie einen Gruppenleiter, wenn dies nicht bereits geschehen ist. Der Gruppenleiter sorgt dafür, dass alle hufeisenförmig um den Flipchart herum sitzen.

3. Ein Tisch ist nicht erforderlich. Der Gruppenleiter ist dafür zuständig, die Gruppe zu leiten sowie dafür zu sorgen, dass alle Regeln für das Brainstorming genau befolgt werden. Der Gruppenleiter hat auch dafür zu sorgen, dass die Gruppe einen Zeitplan festlegt und sich daran hält. Es kann vernünftig sein, festzulegen, dass ein Teilnehmer für die Überwachung der Zeit zuständig ist. Der Gruppenleiter muss auf Augenhöhe mit den anderen Gruppenmitgliedern teilnehmen. Die Zahl der Gruppenmitglieder kann bis zu zehn Teilnehmer betragen, allerdings nicht weniger als vier.

4. Erörtern Sie die Aufgabe innerhalb von fünf Minuten oder länger, um zu gewährleisten, dass alle wissen, was zu tun ist. Was bedeutet eigentlich die Aufgabe, die Sie zu lösen haben? Sorgen Sie dafür, dass alle dieselbe Auffassung vertreten, bevor Sie fortfahren. Schreiben Sie den Ausgangssatz auf den Flipchart und sorgen Sie dafür, dass er während der gesamten Arbeit sichtbar ist.

Methoden, Werkzeuge und Vorlagen

So kann eine Sitzung mit der Methode „Brainstorming ohne gelbe Zettel" aussehen.

5 Notieren Sie Ihre eigenen Ideen auf das Blatt Papier, das Sie dabei haben. Formulieren Sie vollständige Sätze und seien Sie konkret, damit alle nachvollziehen können, was Sie meinen. Es folgt die Stillarbeit, fünf bis zehn Minuten.

6 Beginnen Sie mit dem strukturierten Brainstorming. Die Teilnehmer tragen ihre Ideen nacheinander vor, zum Beispiel von links nach rechts. Es ist erlaubt auszusetzen. Denken Sie daran, dass es nicht erlaubt ist, über die Vorschläge zu diskutieren! Sofern Sie meinen, dass einige Sätze zu unausgereift oder zu schlecht sind, „aber besser sein könnten, wenn …", können Sie auf sie aufspringen. Das heißt, dass Sie einen Ihrer Meinung nach besseren Satz auf Ihrem eigenen Blatt Papier notieren und Ihren Vorschlag äußern, wenn Sie an der Reihe sind. Das heißt aber auch, dass es möglicherweise viele Sätze geben wird, die einander gleichen. Wenn Sie zum Schluss eine Auswahl treffen müssen, ist es wichtig, den Satz auszuwählen, der am deutlichsten formuliert ist und der die sicherste Orientierung vorgibt.

7 Der Gruppenleiter schreibt. Schreiben Sie bitte groß genug! Es ist in Ordnung, den Schreiber zwischenzeitlich auszutauschen. Schreiben Sie am besten in Großbuchstaben, dies erleichtert die Lesbarkeit!

8 Schreiben Sie vollständige Sätze, keine Stichworte. Die größte Herausforderung besteht darin, ganz konkret zu sein! Eine Faustregel kann lauten: Wenn ein Satz einer Erläuterung bedarf, um den gesamten Inhalt erfassen zu können, ist er nicht gut genug.

9 Hängen Sie die Flipchartblätter an die Wand, je nachdem, wie sie fertig werden. Sorgen Sie dafür, dass sie so hängen, dass alle sie lesen und sehen können.

10 Gibt es viele, die aussetzen? Geben Sie das Wort frei, damit diejenigen, die immer noch Vorschläge haben, diese unterbreiten können!

Ich leite eine Kita

11 Lassen Sie alle alles durchlesen, was auf den Blättern steht. Werden Fremdworte benutzt, die unklar sind, ist es sehr gut, den Initiator zu fragen: „Was meinen Sie damit?" Es ist allerdings nicht erlaubt, mit der Berichtigung der unterbreiteten Vorschläge zu beginnen. Denn dann passiert es schnell, dass das demokratische Prinzip verschwindet und dass diejenigen, die ihre eigenen Vorstellungen durchsetzen wollen, das Wort führen werden. Diese Phase darf nur sehr kurz sein, sie darf nicht länger als wenige Minuten dauern!

PHASE 2 wird in Gruppen abgewickelt

12 Beginnen Sie mit der Auswahl der fünf wichtigsten Vorschläge. Zählen Sie die Ihnen vorliegenden Vorschläge. Nummerieren Sie die Sätze. Sofern es 20 Sätze sind, müssen elf Punkte verteilt werden, mit anderen Worten 20 : 2 + 1. Lassen Sie einige Minuten in Schweigen verstreichen, in denen alle die Entscheidung treffen können, wofür sie jeweils abstimmen möchten. Dies geschieht, indem sämtliche Teilnehmer die Nummern, für die sie abstimmen möchten, jeweils auf ihrem eigenen Blatt Papier notieren.

13 Es ist nur erlaubt, für jede Idee einen Punkt zu vergeben. Die Punkte vergeben Sie, indem Sie einen deutlichen Strich neben den Sätzen anbringen, die Ihrer Meinung nach am wichtigsten sind. Streichen Sie den Rest gleichzeitig auf Ihrem eigenen Blatt Papier durch. So behalten Sie die Kontrolle darüber, wofür Sie gestimmt haben. Stillarbeit.

14 Zählen Sie die Punkte zusammen. Haben Sie fünf Ideen, die sich von den meisten Punkten unterscheiden, sind Sie mit dieser Phase fertig.

15 Haben Sie zum Beispiel drei Ideen, die sich von den meisten Punkten unterscheiden und anschließend zwei Ideen, die dieselbe Punktzahl aufweisen, müssen diese alle mit weiter. Sie sind nun mit dieser Phase fertig.

16 Haben Sie viele Ideen mit derselben Punktzahl, müssen Sie eine neue Abstimmung zwischen denen mit derselben Punktzahl durchführen. Haben Sie zum Beispiel drei Ideen mit der deutlich höchsten Punktzahl und anschließend beispielsweise vier Ideen mit jeweils fünf Punkten, müssen Sie eine „Revanche" durchführen! Das heißt, dass Sie jetzt drei Punkte vergeben können (an diejenige der vier Ideen mit derselben Punktzahl) an die Ihrer Meinung nach wichtigste, zwei Punkte an die zweitwichtigste und einen Punkt an die drittwichtigste Idee. Um Zeit zu sparen, kann der Gruppenleiter jedes Gruppenmitglied einzeln befragen, das jeweils mündlich beantwortet, wofür es gestimmt hat. Zählen Sie die Punkte zusammen und überprüfen Sie, ob Sie jetzt fünf haben, die sich voneinander unterscheiden. Haben Sie das immer noch nicht geschafft, führen Sie eine erneute Revanche zwischen denen durch, die dieselbe Punktzahl haben!

17 Notieren Sie die von Ihnen ausgewählten Sätze auf ein neues Flipchartblatt und nehmen Sie dieses mit ins Plenum zurück. Nicht nummerieren!

18 Sie sind jetzt mit Phase 2 fertig und sollten dafür nicht mehr als insgesamt eineinhalb Stunden gebraucht haben.

PHASE 3 erfolgt im Plenum – Setzen Sie mindestens eine Stunde an

19 Die letzte Phase besteht aus einer neuen Auswahl. Zunächst aber müssen Sie prüfen, ob es Vorschläge gibt, die einander gleichen. Setzen Sie in dieser Phase am besten zwei Prozessleiter ein. Hängen Sie alle Flipchartblätter auf und nummerieren Sie diese. Lesen Sie alle Ideen vor und lassen Sie diese von den Teilnehmern einige Minuten in Stille bewerten, während sie auf einem Blatt Papier notieren, was ihrer Meinung nach gleich oder fast gleich ist. Die Prozessleiter befragen die Teilnehmer, und die Streichung kann beginnen. Sollten sich die Gruppen, die die Ideen produziert haben, die gleich aussehen, darin einig sein, dass sie dies tatsächlich sind, werden die jeweiligen Vorschläge so gestrichen, dass nur ein einziger davon übrig bleibt. Bei Uneinigkeit bleiben die Vorschläge stehen, und zwar so lange, wie eine der Gruppen, die die Vorschläge produziert hat, noch uneinig ist. Alle Teilnehmer sollten unbedingt nah vor den Blättern sitzen, um lesen zu können, was darauf steht.

20 Sollte es nach dieser „Aufräumarbeit" beispielsweise 16 Sätze geben, die auf fünf Sätze reduziert werden müssen, wird folgendermaßen verfahren: Alle dürfen neun Punkte verteilen, das heißt 16 : 2 + 1. Danach wird dasselbe Verfahren wie in Phase 2 angewandt. Müssen viele abstimmen, ist es zeitsparend, mehrere Stimmstationen zu haben. Schreiben Sie dabei alle Nummern auf, für die abgestimmt werden kann, und machen Sie dies auf den überall im Raum verteilten Flipcharts. Aber zuerst müssen die Leiter alle auffordern, die Stimmabgabe auf dem eigenen Blatt Papier abzuschließen – so wie in Phase 2. Die Abstimmung muss in Stille erfolgen.

Sofern jetzt jemand vier oder fünf Sätze erarbeitet hat, empfehlen wir, dort anzuhalten. Haben sehr viele Sätze dieselbe Anzahl an Stimmen erhalten, kann man das in Phase 2 beschriebene Abstimmungsverfahren einsetzen. Wir empfehlen, dass der Kita-Leiter einen zusätzlichen Satz einfügt, ehe die Arbeit endgültig abgeschlossen wird. Der Leiter sollte sich einen oder zwei Tage lang überlegen, ob diese Möglichkeit genutzt werden soll. Manchmal kann dies klug sein, andere Male kann es auch als unnötig empfunden werden.

Wie zieht man den größtmöglichen Nutzen aus dem Brainstorming ohne gelbe Zettel?

Wir empfehlen, das endgültige Ergebnis in Glas eingerahmt an „strategisch günstigen" Stellen, wie zum Beispiel im Personalraum, aufzuhängen. Vergrößern Sie es am besten, und dekorieren Sie es mit Rahmen und Bildern!

Die Kindertagesstätte Furuly auf Askøy hat das Ergebnis der von den Angestellten bearbeiteten Kernwerte aufgehängt. Den Inhalt haben wir im folgenden Kasten zusammengestellt. Hier können wir sehen, was Kompetenz für Kinder, Eltern und Angestellte bedeutet.

Kompetenzen

- Jedes Kind muss eine Bühne erleben, auf der die Grundlage für lebenslanges Lernen geschaffen wird.
- Wir haben einen ganzheitlichen Lernansatz.
- Wir unterstützen die Entwicklung jedes einzelnen Kindes und gewährleisten dies durch regelmäßige Auswertungen.

- Das Personal der Kita in Furuly muss sich fachlich auf dem Laufenden halten.
- Wir gewährleisten systematische Planung, Durchführung und Auswertung unserer pädagogischen Arbeit.
- Das Personal erhält regelmäßige Kompetenzerweiterungen durch Entwicklungsarbeit, Seminare/Schulungen und Anleitungen.

- Die Eltern besitzen Kenntnisse über ihr Kind – sie sind diejenigen, die ihr Kind am besten kennen.
- Fachliche Erörterungen zwischen Eltern und Personal müssen auf Ebenbürtigkeit und Gegenseitigkeit aufbauen.

Kompetenzen – Aushang in der Kita in Furuly

Ich leite eine Kita

Wir empfehlen auch, dass jeder einzelne Angestellte sich verpflichtet, das zu befolgen, was Sie als Personalgruppe erarbeitet haben. Dies kann dadurch erfolgen, dass alle das Dokument unterschreiben und es in die Personalordner gelegt wird. Verwenden Sie die Dokumente bei Neueinstellungen, um zu verdeutlichen, wofür die Kindertagesstätte steht. Als Leiter sollten Sie auf diese Dokumente Bezug nehmen und sie vorzeigen, wenn dies als angemessen empfunden wird. Holen Sie sie am besten während der Mitarbeitergespräche hervor. Wir empfehlen künftig auf diesen Werten aufzubauen, indem die Mindestanforderungen erarbeitet werden, deren Umsetzung von allen Beteiligten in der Kindertagesstätte erwartet wird. Dafür lässt sich ReKo einsetzen, denn dabei brauchen nicht alle Angestellten dieselbe Arbeit zu verrichten (siehe S. 107). Gruppen können die Mindeststandards gewinnbringend im Namen des Kollegiums erarbeiten.

Methoden, Werkzeuge und Vorlagen

Der Galerie-Rundgang

Themen: ➪ Werte ➪ Analyse, Bewertung, Reflexion und Auswertung ➪ Qualitätsentwicklung
➪ Elternzusammenarbeit

Was ist der Galerie-Rundgang?

Der Galerie-Rundgang ist ein kreatives Werkzeug. Er kann entweder gesondert oder vor dem Brainstorming mit gelben Zetteln eingesetzt werden (S. 10). Das Werkzeug hat seinen Namen dem Umstand zu verdanken, dass es mit dem Rundgang durch eine Kunstgalerie vergleichbar ist. Allerdings hängen hier Flipchartblätter mit verschiedenen Aussagen im Raum – keine Gemälde! Anstatt sich die Bilder anzuschauen, wie es in einer Kunstgalerie geschieht, müssen die Teilnehmer des Galerie-Rundgangs ihre Ansichten oder ihre eventuellen Lösungen für die Aussagen auf den Flipchartblättern vermerken.

Welchen Vorteil bietet der Galerie-Rundgang?

Durch den Galerie-Rundgang erhalten die Teilnehmer die Möglichkeit, verschiedene alternative Herangehensweisen an eine Sache, eine Herausforderung oder ein Problem zu erkennen. Die Hürde für die Inanspruchnahme des Galerie-Rundgangs ist niedrig und es dauert nur kurze Zeit, ein Ergebnis zu erzielen. Die Teilnehmer gewöhnen sich auch daran, unter Zeitdruck in kurzen Zeitintervallen zu arbeiten. Der Galerie-Rundgang lässt sich zudem in sehr großen Gruppen einsetzen. Wir selbst haben Prozesse mit mehr als 200 Menschen geleitet, die den Galerie-Rundgang absolviert haben.

Wann kann der Galerie-Rundgang eingesetzt werden?

Der Galerie-Rundgang kann sowohl unter den Angestellten als auch bei den Elternversammlungen eingesetzt werden. Möchte jemand auf der ersten Elternversammlung von den neuen Eltern wissen, welche Erwartungen diese an die Kindertagesstätte haben, passt der Galerie-Rundgang gut dazu. Aktuelle Galerie-Fragen könnten dabei zum Beispiel sein:

1. Welche Erwartungen haben Sie an die Angestellten der Abteilung?
2. Welche Art von Informationen hätten Sie gern von der Kindertagesstätte?
3. Welchen Beitrag könnten die Vorgesetzten Ihrer Meinung nach leisten?

Beim Einsatz des Galerie-Rundgangs empfehlen wir, dass jede zweite Frage eine „Far out"-Frage ist, die nichts mit dem zu beleuchtenden Thema zu tun hat. Indem wir uns den Kopf über merkwürdige Problemstellungen zerbrechen, erweitern wir die „Brücke" zwischen rechter und linker Gehirnhälfte. Wir werden einfach viel kreativer. Ein zusätzlicher Gewinn besteht darin, dass viel gelacht wird und alle sich amüsieren! Vergessen Sie aber nicht zu erklären, weshalb diese merkwürdigen Fragen gestellt werden. Aktuelle Fragen könnten sein:

1. Welche Vorteile hat der Treibhauseffekt?
2. Welche Vorteile hat der neue Umstand, dass Autos künftig mit Butter als Treibstoff fahren können?
3. Wie sieht ihr ultimativer Traumpartner aus?

Ich leite eine Kita

Wie wird der Galerie-Rundgang durchgeführt?

1 Schreiben Sie die Fragen bereits im Vorfeld auf die Flipchartblätter. Denken Sie an die Nummerierung jeder Frage. Hängen Sie die Blätter an verschiedenen Stellen des Raumes an den Wänden auf. Halten Sie dabei einen so guten Abstand wie möglich ein, und denken Sie daran, dass Frage 2 auf Frage 1 folgt und so weiter. Halten Sie an jeder Stelle einen Marker bereit. Sollten es sehr viele Beteiligte sein, die den Galerie-Rundgang absolvieren werden, wird die Einrichtung mehrerer Galerien erforderlich sein. Bei 180 Menschen werden etwa drei Galerien und zehn Gruppen aus jeweils sechs Teilnehmern je Galerie erforderlich sein. In jeder Galerie sind dieselben zehn Fragen aufzuhängen. In jeder Galerie muss sich ein Beteiligter befinden, der die Zeit im Blick hat. Diese „Zeitnehmer" sollten mit einer Trillerpfeife oder ähnlichem ausgerüstet sein, damit es gut hörbar ist, wenn der Zeitpunkt zum Wechseln gekommen ist.

2 Stellen Sie Gruppen zusammen, die aus jeweils drei bis sechs Teilnehmern bestehen. Lassen Sie die Gruppen zu ihren jeweiligen Fragen gehen, um drei Minuten lang an Standpunkten und Lösungen zu arbeiten. Lassen Sie einen Teilnehmer aus jeder Gruppe als Referenten fungieren. Der Zeitnehmer gibt den Gruppen Bescheid, wann sie beginnen können und wann sie wechseln sollen.

3 Tauschen Sie die Fragen und arbeiten Sie auch hier drei Minuten lang. Das bedeutet in der Praxis, dass die Gruppen, die an Frage 1 gearbeitet haben, zu Frage 2 gehen. Wer sich mit Frage 10 beschäftigt hat, geht zu Frage 1. Sobald die Gruppen ihre Frage gefunden haben, fangen sie an. Nur zu Beginn des Galerie-Rundgangs warten alle auf ein Startsignal. Gehen Sie auf dieselbe Weise vor, bis alle Gruppen alle Fragen bearbeitet haben. Wenn der Galerie-Rundgang zur Hälfte abgeschlossen ist, müssen Sie den Teilnehmern vier Minuten Zeit geben, damit sie noch genügend Zeit haben, um zu lesen, was bereits auf den Blättern steht. Der Sinn besteht ja nicht darin, dass mehrmals dasselbe geschrieben wird. Sorgen Sie dafür, dass mehrere Blätter zugänglich sind, und hängen Sie sie auf, wenn entsprechender Bedarf besteht. Es ist nicht vernünftig, direkt von Anfang an viele Blätter aufzuhängen. Dann passiert es nämlich schnell, dass die Teilnehmer Versagensängste bekommen. Darüber hinaus gibt es noch etwas zusätzlichen „Druck", wenn weitere neue Blätter aufgehängt werden: Hier passiert viel! Wenn alle Gruppen alle Fragen bearbeitet haben, ist es Zeit für einen neuen Galerie-Rundgang. Allerdings geht es dann darum, zu prüfen, wie das endgültige Ergebnis ausgefallen ist. Was ist herausgekommen, seit die Gruppe zuletzt auf diesem „Bild" war? Hier liegt ein großes Lernpotenzial.

In dem Beispiel haben mehrere Gruppen ihre Ideen dazu aufgeschrieben, wie das Lernen in der Kindertagesstätte aussehen soll. Bald ist es an der Zeit, ein neues Blatt aufzuhängen.

Methoden, Werkzeuge und Vorlagen

Wie zieht man aus dem Galerie-Rundgang den größtmöglichen Nutzen?

Mit dem Ergebnis aus dem Galerie-Rundgang und den von den Teilnehmern während des Prozesses angestellten Reflexionen wird man besser gerüstet sein, wenn man sich mit anspruchsvollen Aufgaben beschäftigen muss, wie zum Beispiel mit der Wertegrundlage der Kindertagesstätte, der Konkretisierung der Mitwirkung der Kinder, neuen Formen der Zusammenarbeit mit den Eltern, der Verbesserung des Arbeitsumfeldes in der Kindertagesstätte und so weiter. Setzen Sie den Galerie-Rundgang ein, bevor umfangreichere und komplexere Fragen aufgegriffen werden.

Nach Abschluss des Galerie-Rundgangs ist es wichtig, den Teilnehmern Rückmeldung dazu zu geben, was nun mit der von ihnen geleisteten Arbeit geschehen soll. Es ist auch möglich, sich mit etwas weiter zu beschäftigen, was sich während des Galerie-Rundgangs ergeben hat. Ideen zur Verbesserung des Arbeitsumfeldes könnten ein solcher Bereich sein. Die Teilnehmer könnten dabei zum Beispiel über die drei oder fünf wichtigsten Aspekte abstimmen, an denen sie arbeiten möchten, um das Arbeitsumfeld zu verbessern. Vorschläge zu den Abstimmungsverfahren finden Sie ebenfalls in diesem Buch (S. 130).

Danach können Gruppen gebildet werden, die sich mit einem der Vorschläge weiter beschäftigen sollen, der die meisten Stimmen bekommen hat. Das Lotusdiagramm könnte bei dieser Arbeit ein Hilfsmittel darstellen (S. 87).

In unserem Beispiel sind es neue Auszubildende, die den Galerie-Rundgang zu Beginn ihrer Praktikumszeit ausprobieren durften. Wir haben zwei Bereiche ausgewählt, aber es gibt natürlich noch viele andere – unter anderem auch die Frage betreffend, welche Erwartungen die Auszubildenden jeweils an ihr eigenes Engagement adressieren. Alle Aussagen aus dem Galerie-Rundgang werden anschließend in ein Dokument eingetragen und können dann Gesprächen zu Praktikumsplätzen als Grundlage dienen, um herauszufinden, welche Erwartungen relevant und welche unrealistisch sind.

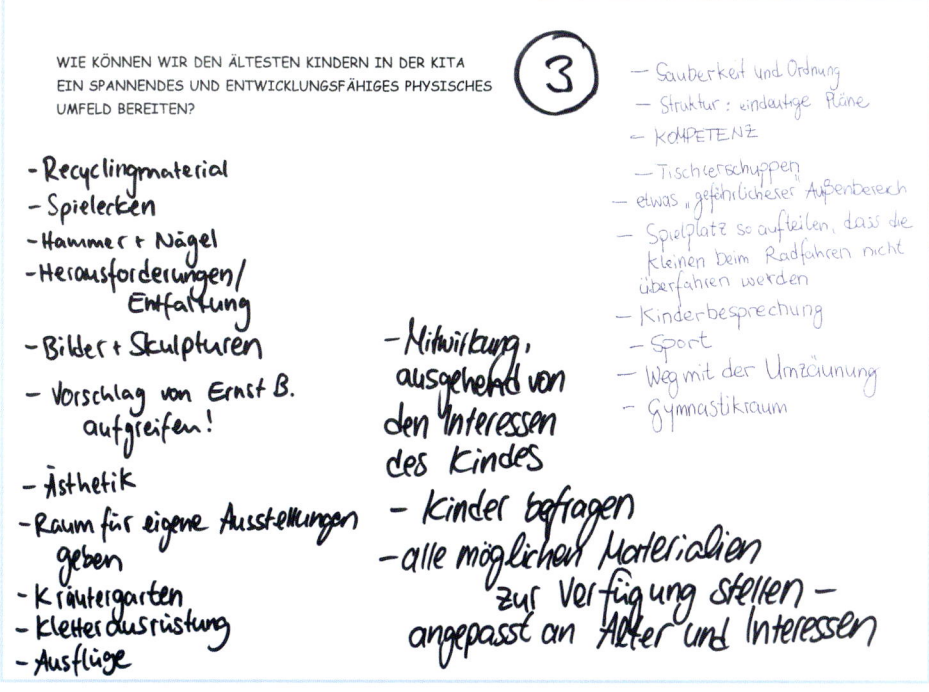

In dem Beispiel haben die Gruppen jetzt die Aufgabe abschließend bearbeitet, wie sie den ältesten Kindern ein interessantes und sich entwickelndes physisches Umfeld bereiten können. Es gibt viele gute Ideen, die vernünftig genug sind, um damit weiterarbeiten zu können.

Ich leite eine Kita

Galerie-Rundgang – Ergebnisse

Welche Erwartungen haben Sie an Ihren Arbeitsplatz?

- Gut aufgenommen zu werden
- Behandlung als Auszubildender, nicht als Assistent/Schüler
- Gute Klimaanlage
- Vorhandensein eines Plans
- Gutes Arbeitsumfeld
- Erwarte Lohn/gerechten Lohn
- Gute Anleitung
- Gegenseitiger Respekt
- Weiterverfolgung durch Ausbilder
- Verständnis für Aufgabenabwicklung
- Ansetzen von Zeit für Auszubildende, Gespräche, Aufgaben, Informationen
- Ein guter Chef
- Geduld bei der Arbeit
- Gute Zusammenarbeit

Welche Erwartungen haben Sie an Ihren Ausbilder?

- Verständnisvoll
- Fähigkeit, Dinge zu lehren
- Vertrauen und Respekt
- Fürsorge, Verständnis für Auszubildende
- Zuvorkommend
- Gut in der Weiterverfolgung/auch weitere Anleitung
- Gut in seinem Fach
- Kenntnisse im Gesundheitsfach
- Interesse an Auszubildenden
- Gute Kommunikation mit Auszubildenden
- Ehrliche Rückmeldungen
- Dass er/sie zur Arbeit erscheint und nicht krankgemeldet ist
- Dass er/sie gute Laune hat
- Gute Chemie
- Engagement

Welche Erwartungen haben Sie an Ihren fachlichen Leiter?

- Zuhören, anwesend sein, Fragen beantworten, zuvorkommend, anleitend, problemlösend, umgänglich
- Vertrauen und Respekt
- Umfangreiches Wissen
- Unterstützend
- Einen Ausbilder finden, der für die Auszubildenden akzeptabel und geeignet ist

IGP

Themen: ⇨ Werte

IGP ist ein kreatives Werkzeug, das sich zur Entwicklung einer Vision eignet. IGP ist die Abkürzung für Individuum, Gruppe und Plenum.

Die Methode besteht aus drei Phasen. In der ersten Phase hat jeder Teilnehmer etwas Zeit für sich allein, um darüber nachzudenken, welches seiner Meinung nach die Vision der Kindertagesstätte sein sollte und weshalb.

Danach findet die Gruppenarbeit statt. Jede Gruppe kann aus bis zu zehn Teilnehmern bestehen; die ideale Zahl sind sechs Teilnehmer. In dieser Phase muss jede Gruppe einen Vorschlag für eine Vision auf der Grundlage der von den Teilnehmern vorgebrachten Vorschläge erarbeiten. Die letzte Phase von IGP wird im Plenum abgewickelt. Dort sollen die Gruppen ihren Vorschlag „verkaufen", und dort soll die Vision der Kindertagesstätte festgelegt werden.

Welchen Vorteil bietet IGP?

IGP erfordert nur wenige Ressourcen. Es nimmt nur wenig Zeit in Anspruch, ein Ergebnis zu erzielen. IGP lässt sich in sehr großen Gruppen einsetzen. Es ist möglich, mehrere hundert Menschen gleichzeitig an der Entwicklung einer Vision für die Kindertagesstätte arbeiten zu lassen. Das einzige Hindernis für so viele Teilnehmer könnte der Platzmangel sein. Das Werkzeug an sich ist kein Hindernis. Das kann heißen, dass auch die Eltern an der Arbeit beteiligt werden können, wenn jemand dies wünschen sollte.

Wann kann IGP eingesetzt werden?

IGP eignet sich vorrangig für die Visionsarbeit, lässt sich aber auch dann einsetzen, wenn man ein Schlagwort für die Kindertagesstätte erarbeiten möchte, am besten auch in Anknüpfung an ein Logo.

Wie wird IGP durchgeführt?

Bevor die Arbeit eingeleitet wird, müssen die Teilnehmer die Anleitung gelesen haben. Die Teilnehmer müssen für die Arbeit der Phase 2 in Gruppen aufgeteilt sein und mit Papier und Schreibzeug ausgerüstet sein. Halten Sie Flipchart, Marker und Klebeband bereit.

1. Jeder Teilnehmer arbeitet zehn Minuten für sich allein und schreibt auf ein Blatt Papier, welche Vision die Kindertagesstätte seiner Meinung nach haben sollte. Es ist auch klug, darüber nachzudenken, wie sich der Visionsvorschlag in Phase 2 am besten „verkaufen" lassen könnte. Symbole, Farben, Musik, Geschichten – alles ist erlaubt und möglich!

2. Gruppen werden zusammengefasst und arbeiten eine Stunde und 15 Minuten lang. Beginnen Sie mit der Wahl eines Gruppenleiters, der dafür sorgt, dass jede Gruppe einen Zeitplan festlegt. Alle Gruppenmitglieder schreiben ihren Vorschlag nacheinander auf das in der Mitte des Tisches liegende Flipchartblatt (verwenden Sie Marker) und tragen Argumente dafür vor, weshalb gerade dieser Vorschlag für die beste Vision der Welt stehe! Nachdem alle ihren Vorschlag präsentiert und ihre Argumente hierzu vorgetragen haben, kann die Gruppe zwischen zwei weiteren Vorgehensweisen wählen:

Ich leite eine Kita

- Die Abstimmung über die Vorschläge erfolgt dadurch, dass alle Teilnehmer jeweils drei Punkte für den ihrer Meinung nach besten Vorschlag, zwei Punkte für Silber und einen Punkt für Bronze vergeben dürfen.
- Die Gruppe kann einen gemeinsamen Vorschlag ausdiskutieren, wobei zum Beispiel verschiedene Vorschläge miteinander verflochten werden können.

Schreiben Sie die Vorschläge der Gruppe für eine Vision auf einen Flipchart. Benutzen Sie Marker und schreiben Sie mit großen Buchstaben. Bereiten Sie eine „Verkaufspräsentation" für das Plenum vor. Dies kann alles Mögliche sein – Hauptsache, es verkauft sich!

3 Arbeit im Plenum = eine Stunde und 30 Minuten. Die Zeit kann auch kürzer sein, wenn es nur wenige Teilnehmer sind. Jede Gruppe verkauft ihren Vorschlag und darf dafür nicht länger als fünf Minuten brauchen. Die Flipchartblätter werden an die Wand gehängt. Gleiche Vorschläge werden auf einen Vorschlag zusammengeschrumpft. Die Abstimmung erfolgt mittels „Gold, Silber und Bronze" (wie unter Punkt 2).

Wie zieht man aus IGP den größtmöglichen Nutzen?

Sorgen Sie in Phase 3 für viel Jubel und Applaus! Als Leiter sollten Sie Einsatz und Ergebnisse loben: Dies wird allen, die mitmachen, zusätzliche Energie verleihen. Legen Sie sich im Nachhinein eine Strategie dafür zurecht, wie die Vision (und der Rest der Wertegrundlage) ein effektives Werkzeug für die Entwicklung der Kindertagesstätte werden wird. Im Rahmen dieser Strategie sollte auch festgelegt werden, wie Vision und Werte sowohl drinnen als auch draußen, intern und extern veranschaulicht werden können.

Als gute Starthilfe für diese Strategiearbeit empfehlen wir den Einsatz der Café-Runde. Daran können sowohl Eltern als auch Angestellte teilnehmen und wichtige Impulse geben (S. 31). Es ist auch interessant, das Y-Diagramm einzusetzen, um „mehr Fleisch auf die Rippen" zu bekommen, wenn es darum geht, was die Vision unserer Meinung nach für Kinder, Eltern und Angestellte bedeuten soll (S. 28). Wenn die Vision der Kindertagesstätte lautet „Alle sollen erleben, jeden Tag erfolgreich zu sein": Wie sieht das aus? Wie hört sich das an? Wie fühlt sich das an?

Die Kindertagesstätte Ask auf Askøy hat ein bewusstes Verhältnis dazu, wo und wie die Vision veranschaulicht und präsentiert werden soll. Man hat dort eine Tapete mit der Vision darauf angefertigt. Das ist das Erste, was man sieht, wenn man die Kindertagesstätte betritt (s. S. 23).

Methoden, Werkzeuge und Vorlagen

Alle Abteilungen haben Visionsbäume. Sie sind unterschiedlich gestaltet, sollen aber etwas darüber erzählen, welche Bedeutung die Vision für den Alltag haben soll. Auf den Schmetterlingen steht zum Beispiel „Aktive und anwesende Erwachsene" oder „Erwachsene, die die Kinder mit Respekt ansprechen".

Ich leite eine Kita

PGP

Themen: ⇨ Werte

PGP ist ein kreatives Werkzeug, das sich einsetzen lässt, um die Kernwerte einer Organisation zu erarbeiten. PGP steht für Paar, Gruppe und Plenum. Die Methode besteht aus drei Phasen. In der ersten Phase sollen jeweils zwei Personen zusammenarbeiten und nahezu spielerisch versuchen, irgendwelche Charakterzüge am Arbeitsplatz zu entdecken, indem sie sich vorstellen, dass es sich bei der Kita um einen Menschen handelt. Dabei gibt es viele verschiedene Perspektiven, die eingenommen werden können – vom Geschlecht über Kleidung, zu Alter bis hin zu Autos. Jedes Paar muss zudem herausfinden, welche Charakterzüge entwickelt werden sollten. In Phase 2 ist Gruppenarbeit vorgesehen. Die Gruppen können aus bis zu zehn Teilnehmern bestehen, die die Vorschläge der Paare bewerten und durch einen Abstimmungsprozess herausarbeiten sollen, wie die Vorschläge der Gruppe zu den Kernwerten aussehen. In der letzten Phase versammeln sich die Gruppen für die endgültige Auswahl der Kernwerte der Kindertagesstätte im Plenum. Bevor die Arbeit beginnt, ist es klug, alle daran zu erinnern, dass die Kernwerte nicht in drei oder vier Worte münden dürfen, die alle in etwa das Gleiche aussagen, wie zum Beispiel mutig, kühn, offensiv, abenteuerlustig. Die Kernwerte müssen insgesamt ein Ganzes bilden.

Welchen Vorteil bietet PGP?

PGP erfordert nur wenige Ressourcen, und es nimmt nur wenig Zeit in Anspruch, ein Ergebnis zu erzielen. PGP lässt sich in sehr großen Gruppen einsetzen. Es ist möglich, mehrere hundert Menschen gleichzeitig an der Entwicklung der Kernwerte der Organisation arbeiten zu lassen. Das heißt, wenn jemand eine Beteiligung der Eltern wünscht, ist es eventuell nur Platzmangel, der dies verhindern könnte. Das Werkzeug an sich verträgt das gut.

Wie wird PGP eingesetzt?

Bevor die Arbeit eingeleitet wird, müssen die Teilnehmer die Anleitung gelesen haben und auf Gruppen für die Arbeit in Phase 2 verteilt worden sein. Die Paare können sich in Phase 1 auch gern selbst bilden. Hat jemand keinen Partner, so ergänzt er/sie ein Paar, sodass ein „dreiblättriges Kleeblatt" gebildet wird. Halten Sie Flipchart, Klebeband und Marker bereit.

1 Die Paare arbeiten 30 Minuten lang und unterhalten sich darüber, was sie sehen, wenn sie sich die Kindertagesstätte als Menschen vorstellen. Was für eine Person ist das? Danach muss jedes Paar herausfinden, welche der vorhandenen Charakterzüge (Kernwerte) es in Anspruch zu nehmen wünscht und was entwickelt werden müsste, um für die Zukunft optimal aufgestellt zu sein. Dann müssen die Teilnehmer das, was sie erarbeitet haben, auf einen Flipchart schreiben. Es dürfen nicht mehr als vier Kernwerte sein. Die Vorschläge dürfen nicht nummeriert werden. Jedes Paar muss zum Schluss erörtern, wie es seine Vorschläge der Gruppe „verkaufen" möchte.

2 Gruppen werden zusammengefasst und arbeiten eine Stunde und 30 Minuten lang. Wählen Sie zuerst einen Gruppenleiter. Dieser Gruppenleiter nimmt auf Augenhöhe mit den anderen teil, ist aber dafür verantwortlich, dass die Anleitung befolgt und die Zeit eingehalten wird. Jedes Paar legt nacheinander seine Vorschläge vor. Das Flipchartblatt wird so an die Wand gehängt, dass alle es sehen können. Argumente sollten vorgetragen werden, weshalb gerade diese Vorschläge die Kernwerte der Kindertagesstätte ausmachen sollen! Jedem Paar stehen dafür einige Minuten zur Verfügung. Wenn alle ihre Vorschläge präsentiert haben, kann es vorkommen, dass einige Kernwerte identisch sind. Dann werden diese auf einen Vorschlag reduziert, indem die anderen, die gleich sind, gestrichen werden. Danach müssen die Vorschläge nummeriert werden. Jetzt müssen die Gruppenmitglieder über die ihrer Meinung nach besten und wichtigsten Kernwerte abstimmen:

- Jedes Gruppenmitglied hat insgesamt zehn Stimmen, und es besteht die Möglichkeit, in zwei Durchgängen zu stimmen. Alle Teilnehmer müssen selbst entscheiden, ob sie ihre zehn Stimmen bereits vollständig in der ersten Runde vergeben, alle zehn Stimmen nur für einen einzigen Kernwert vergeben oder sie aufteilen möchten. Es ist auch möglich, einige Stimmen für Runde 2 aufzusparen. Bitte beachten: Jeder Teilnehmer hat zehn Stimmen insgesamt. Die Abstimmung erfolgt dadurch, dass die Gruppenmitglieder einen deutlichen Strich setzen, was jeweils einer Stimme entspricht.
- Dann werden die Stimmen ausgezählt. Wenn alle ihre Stimmen bereits im ersten Durchgang verbraucht haben, wandern die vier Vorschläge, die die meisten Stimmen erhalten haben, weiter in Runde 3.
- Hat jemand Stimmen aufgespart, so können diese jetzt verteilt werden. Die Stimmen werden dann noch einmal ausgezählt, und wer die meisten Stimmen erhalten hat, wandert in Runde 3. Gibt es viele Vorschläge mit derselben Punktzahl, dann folgt noch eine Abstimmung zwischen denen mit derselben Punktzahl. Gibt es zum Beispiel drei Vorschläge mit der eindeutig höchsten Punktzahl und danach zum Beispiel zwei Vorschläge mit jeweils fünf Punkten, hat dies eine „Revanche" zur Folge! Dann lässt der Gruppenleiter durch Handzeichen abstimmen, um herauszufinden, wer welchen Vorschlag unterstützt. Besteht weiterhin Gleichstand (was selten passiert), entscheidet das Los. Schreiben Sie die Vorschläge der Gruppe für die Kernwerte auf einen Flipchart. Nicht nummerieren! Bereiten Sie eine „Verkaufspräsentation" für das Plenum vor. Das kann alles Mögliche sein, Hauptsache, es verkauft sich!

3 Arbeit im Plenum = eine Stunde und 30 Minuten. Die Zeit kann auch kürzer sein, wenn es nur wenige Teilnehmer sind. Sorgen Sie dafür, dass alle gut sehen können und dass an den Wänden Platz für die Vorschläge geschaffen wurde. Jede Gruppe verkauft ihren Vorschlag und darf dafür nicht länger als fünf Minuten brauchen. Die Flipchartblätter werden an die Wand gehängt. Gleiche Vorschläge werden auf einen Vorschlag zusammengeschrumpft. Die Abstimmung erfolgt mithilfe von „Gold, Silber und Bronze" (S. 131). Das heißt, dass jeder Teilnehmer drei Punkte (für Gold), zwei Punkte (für Silber) und einen Punkt (für Bronze) zu verteilen hat. Alle Teilnehmer schreiben eine deutliche Zahl (keine Striche) neben die Kernwerte, für die sie stimmen möchten.

Wie zieht man aus PGP den größtmöglichen Nutzen?

Sorgen Sie in Phase 3 für viel Jubel und Applaus! Als Leiter ist es klug, sowohl Einsatz als auch Ergebnis zu loben. Dies verleiht Energie und sorgt für Begeisterung. Legen Sie eine Strategie dafür zurecht, wie die Kernwerte und natürlich auch der Rest der Wertegrundlage gute Hilfsmittel für die Weiterentwicklung der Kindertagesstätte bilden können. Die Strategie sollte auch Maßnahmen dafür enthalten, wie die Kernwerte sowohl drinnen als auch draußen, intern und extern veranschaulicht werden können.

Als gute Starthilfe für diese Strategiearbeit empfehlen wir den Einsatz der Café-Runde (S. 31). Daran können sowohl Eltern als auch Angestellte teilnehmen und wichtige Impulse geben. Es ist auch interessant, das Y-Diagramm einzusetzen (S. 28), um mehr Anhaltspunkte zur Beantwortung der Frage zu erhalten, was die Kernwerte unserer Meinung nach für Kinder, Eltern und Angestellte bedeuten sollen. Und dann müssen Sie daran weiterarbeiten, was dies in der Praxis für jede einzelne Abteilung bedeutet.

Ich leite eine Kita

- Es fühlt sich stimmig an, in die Kita Ask einzutreten.
- Es verleiht ein Gefühl der Zufriedenheit, im Alltag des Kindes eine Rolle zu spielen.
- Es wird ein Gefühl der Wärme und Zuvorkommenheit vermittelt, wenn man hier ankommt. Den Kindern wird das Gefühl vermittelt, ernst genommen zu werden.
- Sicher
- Akzeptiert und wertvoll – als ob man gut genug sei
- Bewältigung
- Man kann ruhig seine eigenen Gefühle zeigen.

Fühlt sich an wie ...

In der Kita Ask begegnen wir dem Kind auf Augenhöhe und gestehen ihm eigene Erlebnisse und Gefühle zu.

Hört sich an wie ...

Sieht aus wie ...

- dass Kinder sich ausdrücken können und dass ihnen dafür Geduld und Verständnis entgegengebracht werden,
- man Kinder hören kann, die sich ausdrücken können und offen sprechen,
- dass Erwachsene sich die Anregungen und Ideen des Kindes anhören – und diese weiterverfolgen,
- dass Kinder sich trauen, herauszuragen,
- nur wenig Schimpfen und Zurechtweisung,
- Anleitung und Sachlichkeit sowie
- Dialog und Gespräch.

- Die Erwachsenen beugen sich nach unten und begegnen dem Kind auf Augenhöhe.
- Es besteht Sichtkontakt zwischen Kind und Erwachsenem.
- Wir sehen Erwachsene, die auf die Kleinen achten.
- Kinder arbeiten an Projekten.
- Bilder und Dokumentationen werden aufgehängt und vorgezeigt.
- Fröhliche Kinder
- Engagement

Anhand des Beispiels können wir sehen, was die Angestellten der Kindertagesstätte Ask auf Askøy in den Kernwert gleichwertig hineinlegen (s. dazu auch S. 28, Y-Diagramm).

Hier können Sie Werte an ihrem eigenen Visionsbaum anbringen. Wie soll etwas in unserer Abteilung aussehen/sich anhören/sich anfühlen?

Die vier Kernwerte der Kindertagesstätte Florvåg:

Wir haben folgende Kernwerte ausgewählt: warmherzig, engagiert, schöpferisch und gestalterisch.

Warmherzig

Wir nehmen das Beste an den Kindern wahr, indem wir ihnen ein geborgenes, warmes und fürsorgliches Umfeld bieten, das sowohl Rücksicht auf das einzelne Kind nimmt als auch Zeit für das Kind aufbringt.

- Wir begegnen den Kindern mit Anerkennung, positiven Erwartungen und offenen Armen.
- Wir sind empathisch und zeigen Interesse an den Gedanken, Gefühlen und Aufgaben des Kindes.
- In unserer Gemeinschaft sind wir daran interessiert, dass alle einbezogen werden, unabhängig davon, wer sie sind.

Engagiert

Das Engagement ist die treibende Kraft, die uns weiterbringt und Entwicklung fördert. Großes Engagement gibt sowohl Kindern als auch Erwachsenen Wohlbefinden und schöne Augenblicke.

- Wir sind aufmerksam und für das Kind da.
- Wir arbeiten aktiv daran, unsere Ziele zu erreichen.
- Wir erscheinen vorbereitet zu gemeinsamen Aktivitäten und Gesprächen mit Kindern und Erwachsenen.
- Wir ergreifen die Initiative und sind neugierig in unserer täglichen Arbeit.

Schöpferisch

Wir geben Raum zum Staunen und Entwickeln durch Fragen, Philosophieren und gute Gespräche. Die Kinder werden dazu ermuntert, ihren Gedanken, Intentionen und Meinungen Ausdruck zu verleihen.

- Wir hören uns die Wünsche der Kinder an und sind bestrebt, die Welt mit den Augen der Kinder zu sehen.
- Wir sind aufgeschlossen gegenüber anderen Herangehensweisen an die Bewältigung von Herausforderungen; wir sind offen, um zu lernen und zu schaffen.
- Bei Orientierungsgesprächen reflektieren wir über unsere eigene Praxis und suchen neue Perspektiven.

Gestalterisch

Interesse und Eigeninitiative des Kindes sind Voraussetzung dafür, dass das Kind lernt, indem es jeweils selbst einen neuen Sinn entdeckt und schafft. Wir legen Wert auf neue und kreative Lösungen.

- Wir sind furchtlos und trauen uns, uns selbst dadurch herauszufordern, dass wir über etablierte „Wahrheiten" reflektieren.
- Wir legen Wert auf Änderungen und Umstellungen, die uns weiterbringen.
- Wir schauen uns Möglichkeiten an und setzen neue Ideen um, indem wir entwicklungsorientiert sind und alle sich bietenden Möglichkeiten ergreifen.

Ich leite eine Kita

Y-Diagramm

Themen: ⇨ Werte ⇨ Analyse, Bewertung, Reflexion und Auswertung ⇨ Qualitätsentwicklung
⇨ Werkzeuge für Kinder, die gemeinsam mit Erwachsenen eingesetzt werden
⇨ Elternzusammenarbeit

Was ist ein Y-Diagramm?

Das Y-Diagramm ist ein kreatives Werkzeug, das dabei behilflich sein kann, ein Problem, eine Aussage, einen Begriff, eine Vision oder Kernwerte aus verschiedenen Blickwinkeln zu betrachten. Wer das Werkzeug einsetzt, muss sich zu drei verschiedenen Feldern verhalten: wie sich etwas anhört, wie es aussieht und wie es sich anfühlt.

Y-Diagramm

Fühlt sich an wie ...

Hört sich an wie ...   Sieht aus wie ...

Welchen Vorteil bietet das Y-Diagramm?

Das Y-Diagramm ist leicht in Gebrauch zu nehmen. Es erfordert nur wenig Material und kann individuell oder in Gruppen eingesetzt werden.

Wann kann das Y-Diagramm eingesetzt werden?

Das Y-Diagramm lässt sich hervorragend einsetzen, wenn sich die Kindertagesstätte mit Visionen oder Kernwerten beschäftigt hat und begonnen hat, daran zu arbeiten, „etwas mehr Fleisch auf die Rippen" zu bekommen. Was bedeuten eigentlich die großen Worte, die wir erarbeitet haben?

Das Y-Diagramm ist auch dazu geeignet, mehr in Bezug auf Worte wie Bildung, Fürsorge, Spielen und Lernen, Mitbestimmung des Kindes oder gutes Arbeitsumfeld herauszufinden. Es ist beispielsweise auch sehr gut geeignet, um sich mit schönen Mußestunden, gemütlichen Mahlzeiten oder Ausflügen im Dienste des Kindes zu befassen.

Wie wird das Y-Diagramm angefertigt?

Das Y-Diagramm kann zunächst angefertigt und dann vervielfältigt oder einfach auf ein DIN-A4-Blatt oder ein Flipchartblatt gezeichnet werden. Klären Sie ab, wessen Perspektive eingenommen werden soll: die Perspektive des Kindes, der Eltern, der Angestellten – oder vielleicht die aller drei Parteien? Schreiben Sie am besten vollständige Sätze, damit sie später noch leicht zu verstehen sind.

Methoden, Werkzeuge und Vorlagen

"Das Kind wird als gleichwertig betrachtet, als jemand mit Autorität in Bezug auf eigene Erfahrungen, Erlebnisse und Gefühle. Was meinen wir damit ganz konkret?"

Wir nehmen wahr/fühlen:

Wir nehmen wahr, dass wir «eingeloggt» und zur Stelle sind. Wir nehmen den Betrieb als organisiert wahr. Er ist dadurch geprägt, dass wir den Überblick und die Kontrolle haben.

Motivation und Engagement

Freude

Stolz

Dass wir berührt/angerührt werden

Geborgenheit

Kinder, die geborgen genug sind, um für ihre eigene Sichtweise argumentieren zu können.

Wir sehen:

Erwachsene, die bei den Aufgaben zusammenarbeiten.

– Zeichnungen und andere Projekte, die Kinder auf der Ausstellung angefertigt bzw. durchgeführt haben

– Kinder, die ihre eigene Wahl treffen, während die Wahltafel aktiv in Gebrauch ist

– Erwachsene, die die ganze Zeit dafür arbeiten, dass die Kinder gesehen und gehört werden

– Erwachsene im Dialog mit den Kindern; zur Stelle in Alltagssituationen

– zur Stelle in Toilettensituationen, die unterstützen, beschützen und beim Spiel zur Stelle sind

– Erwachsene, die deutlich in Konflikte eingreifen, die die Bedürfnisse des Kindes erkennen, auf positive Weise Grenzen setzen und in den entsprechenden Situationen Verantwortung übernehmen, indem sie sagen: «Ich wünsche mir, dass...»

– Zugängliche Ausrüstung, Spiele, Material

– Engagierte Kinder

– Ein an die Kindergruppe in der Abt. angepasstes physisches Umfeld

– Wahltafel mit Bildern aller Kinder

Kinder haben Bilder und Namen an Schubladen, Regalen – damit sie einen Platz in der Abt. haben und sich zugehörig fühlen.

Kinder bei guten Spielen und in gutem Zusammenspiel

Kinder, die Gefühle zeigen

Kinder, die zusammenarbeiten und sich gegenseitig ergänzen

Kinder, die sich gegenseitig helfen

Kinder, die eigene Konflikte im Einklang mit Alter und Reife lösen

Wir hören:

Wir hören Kinder, die lachen und weinen. Wir sprechen mit den Kindern in einem angemessenen Tonfall, der mit den Kindern und nicht zu ihnen spricht.

Kinder, die ihre eigene Gefühle in Worten ausdrücken

Kinder, die eigene Meinungen äußern

Guter Dialog

Ruhige Erwachsene

Kinder, die mit Kindern und mit Erwachsenen sprechen

Gute Gespräche

Kinder, die argumentieren und Fragen stellen

Die Kindertagesstätte Ask auf Askøy hat sich angeschaut, wie eines der Elemente aus Sicht ihrer Kinder aussieht, wie es sich anhört und wie es sich anfühlt.

Wie zieht man aus dem Y-Diagramm den größtmöglichen Nutzen?

Das Y-Diagramm öffnet Raum für neue Gedanken und neue Perspektiven. Zudem ist es leicht einsetzbar, obwohl viele es vermutlich erlebt haben, dass es vielleicht gar nicht so einfach ist, Worte dafür zu finden, wie sich etwas anfühlt oder anhört oder wie etwas aussieht.

Sollten zum Beispiel ein gutes Arbeitsumfeld, ein niedrigerer Krankenstand oder gute Rollenspiele Thema des Y-Diagramms sein, und sollte sich aus dem Prozess viel Interessantes ergeben, kann es vernünftig sein, über die wichtigsten Dinge abzustimmen, um dann Gruppen zu bilden, die an Maßnahmen weiterarbeiten sollen, um das zu erreichen, was wünschenswert ist. Dabei können Werkzeuge wie zum Beispiel das Lotusdiagramm (S. 87), Brainstorming mit gelben Zetteln (S. 10) oder die sechs Denkhüte (S. 44) sehr gute Hilfsmittel sein.

Ich leite eine Kita

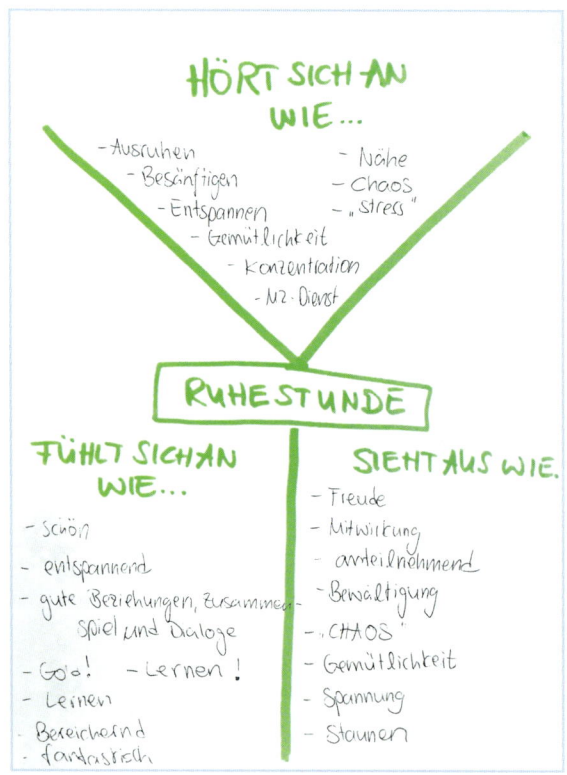

In dem Beispiel hat die Kindertagesstätte Hanøy Forum sich mit Ruhestunden beschäftigt.

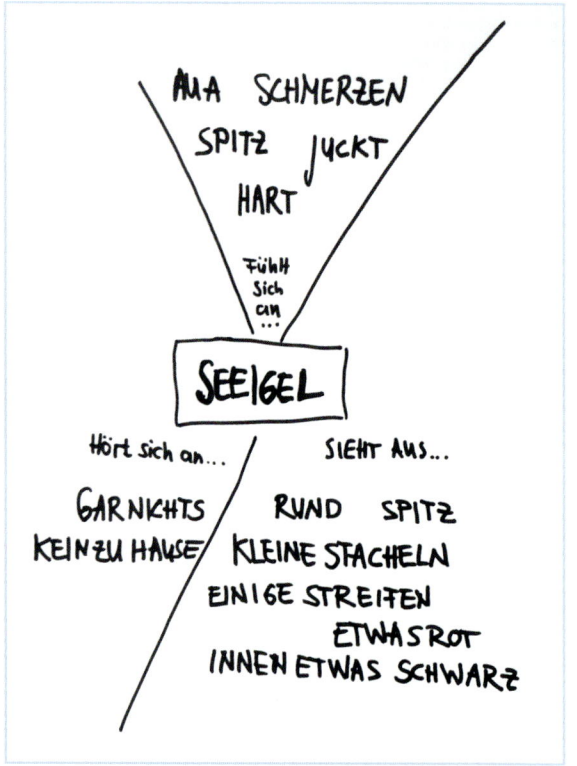

Das Y-Diagramm lässt sich auch gemeinsam mit den Kindern einer Kindertagesstätte einsetzen. In der Kindertagesstätte Ramsøy in der Stadt Askøy hat man sich über Seeigel unterhalten.

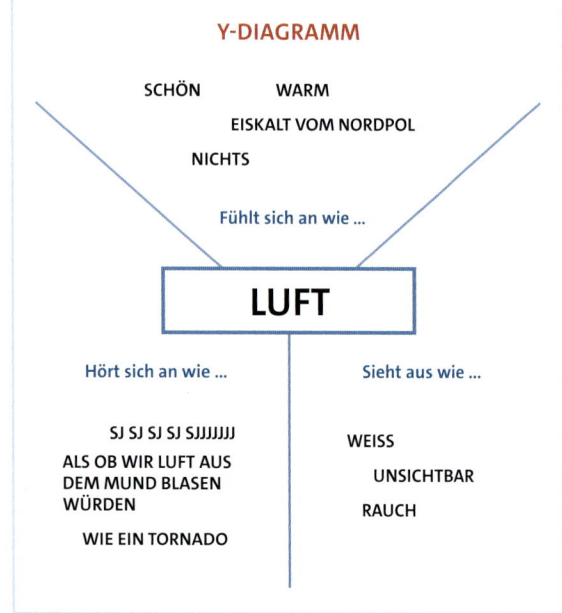

Die Vorschulkinder der Kindertagesstätte Erdal auf Askøy haben gute Arbeit bei einem schwierigen Thema geleistet!

Methoden, Werkzeuge und Vorlagen

Die Café-Runde

Themen: ⇨ Werte ⇨ Analyse, Bewertung, Reflexion und Auswertung ⇨ Qualitätsentwicklung
⇨ Elternzusammenarbeit

Was ist eine Café-Runde, und wann kann dieses Werkzeug eingesetzt werden?

Die Café-Runde ist ein kreatives Werkzeug. Es kann entweder allein oder vor dem Brainstorming ohne gelbe Zettel eingesetzt werden (S. 12), um die Denktätigkeit in Gang zu setzen. Wie der Name schon sagt, ähnelt dies dem Vorgang, als wenn man real in ein Café ginge. Anstatt aber an einem Tisch zu sitzen, besucht man einen Tisch nach dem anderen.

Welchen Vorteil bietet die Café-Runde?

Durch die Café-Runde erhalten die Teilnehmer die Möglichkeit, mehrere alternative Herangehensweisen an eine Sache/ein Problem/eine Herausforderung zu erkennen. Die Café-Runde hat keine strenge Form. Es ist erlaubt, sich zu unterhalten und zu diskutieren. Deshalb ist das Werkzeug auch gut für Teilnehmer geeignet, die einander nicht besonders gut kennen. Es kann zum Beispiel hervorragend für die erste Elternversammlung der Kindertagesstätte geeignet sein, auf der vielleicht die Erwartungen an die Kindertagesstätte thematisiert werden. Da immer jemand am Café-Tisch sitzen bleiben muss, erhalten er oder sie eine nützliche Übung darin, die wichtigsten Elemente der Diskussion herauszufinden und unter Zeitdruck zu arbeiten.

Wie wird die Café-Runde durchgeführt?

1 Stellen Sie Gruppen zusammen, die aus jeweils drei Teilnehmern bestehen. Jede Gruppe muss auf Stühlen um einen Tisch herum sitzen. Es können Flipchartblätter oder DIN-A4-Blätter und Marker/Kugelschreiber auf dem Tisch liegen. Die jeweils zu erörternde Aufgabe muss ebenfalls auf allen Tischen bereitliegen. Sind etwa 30 Teilnehmer der Café-Runde vorgesehen, wird Bedarf an zehn Tischen bestehen. Versuchen Sie dabei, einen so großen Abstand wie möglich zwischen den Tischen einzuhalten. Es ist sinnvoll, einem Teilnehmer die übergeordnete Verantwortung zu übertragen. Der oder die Betreffende geht nicht ins Café, sondern achtet auf die Zeit und legt Kriterien dafür fest, wer beim Wechsel an den Tischen sitzen bleiben soll.

2 Lassen Sie die Gruppe zum Beispiel 15 Minuten lang diskutieren. Es kann auch ein kürzerer zeitlicher Rahmen sein, der aber in der ersten Runde nicht zu kurz sein darf. Aktuelle Aufgaben könnten zum Beispiel die Sicht der Gruppe auf die Aufgaben der Pädagogischen Leitung, die zentralen Erfolgsfaktoren bei der Zusammenarbeit der Kindertagesstätte mit der Schule im Zusammenhang mit dem Übergang, die optimale Gestaltung der Zeit im Freien und ähnliches sein.

3 Ein Gruppenmitglied notiert auf dem Blatt alles, was die Gruppe jeweils erarbeitet hat.

4 Nach 15 Minuten (oder einem anderen vorgegebenen zeitlichen Rahmen) gehen zwei Teilnehmer gemeinsam zu einer neuen Gruppe und ein Teilnehmer bleibt sitzen. Die Teilnehmer, die sich zu einem anderen Tisch begeben, müssen im Uhrzeigersinn gehen. Wer sitzen bleibt, kann variieren und die Kriterien bestimmen, wer die übergeordnete Verantwortung für den Prozess trägt. Einige Male bleibt vielleicht der Jüngste, andere Male der Älteste einer Gruppe, wiederum andere Male der mit den kürzesten Haaren usw. am Tisch sitzen.

5 Teilnehmer, die neu zu einer Gruppe stoßen, hören nun den Erläuterungen der Person zu, was die erste Gruppe erarbeitet hat. Neue Standpunkte der beiden zur Gruppe hinzugekommenen Teilnehmer werden dann auf dem Blatt notiert, das gerade in Gebrauch ist. Setzen Sie dafür zwei bis fünf Minuten an.

6 Wechseln Sie wieder die Gruppe. Zwei Personen gehen gemeinsam zu einer neuen Gruppe hinüber; einer bleibt wieder sitzen und erläutert den Neuankömmlingen die Arbeit der Gruppe. Fahren Sie fort wie in Punkt 5 beschrieben. Wer dieses Mal in der Gruppe sitzen bleibt, muss jemand sein, der dies bislang noch nicht gemacht hat.

7 Phase 6 lässt sich mehrfach wiederholen, sofern jemand dies wünschen sollte.

8 Hängen Sie die Flipchartblätter an die Wand, damit alle sehen können, was sich bei dem Prozess ergeben hat, oder lassen Sie die Gruppen ihr Ergebnis im Plenum vorstellen.

Wie zieht man aus der Café-Runde den größtmöglichen Nutzen?

Das Ergebnis der Café-Runde wird in einigen Fällen für eine Abstimmung geeignet sein, zum Beispiel, um herauszufinden, woran man nach Meinung des Personals klugerweise weiterarbeiten sollte. Es ist auch möglich, die Café-Runde für eine Diskussion darüber zu nutzen, welche Bedeutung die Kernwerte oder die Vision im Alltag haben könnten: für Kinder, Eltern und Angestellte. Das Ergebnis kann anschließend von einer Gruppe bearbeitet werden, damit entsprechend Qualität, Formulierungen und eine einheitliche sprachliche Form gewährleistet sind.

Methoden, Werkzeuge und Vorlagen

Argumentationskarte

Themen: ⇨ Analyse, Bewertung, Reflexion und Auswertung

Was ist eine Argumentationskarte?

Durch die Argumentationskarte erhält man eine Strategie zur Systematisierung von Argumenten und Sachverhalten/Beispielen, die diese auf einem Feld untermauern sollen, für das man argumentieren muss.

Welchen Vorteil bietet die Argumentationskarte?

Die Argumentationskarte liefert einen guten visuellen Überblick, und es wird schnell klar, ob jemand Nachweise zur Untermauerung seiner Argumente erbringen kann oder nicht.

Wie sieht eine Argumentationskarte aus?

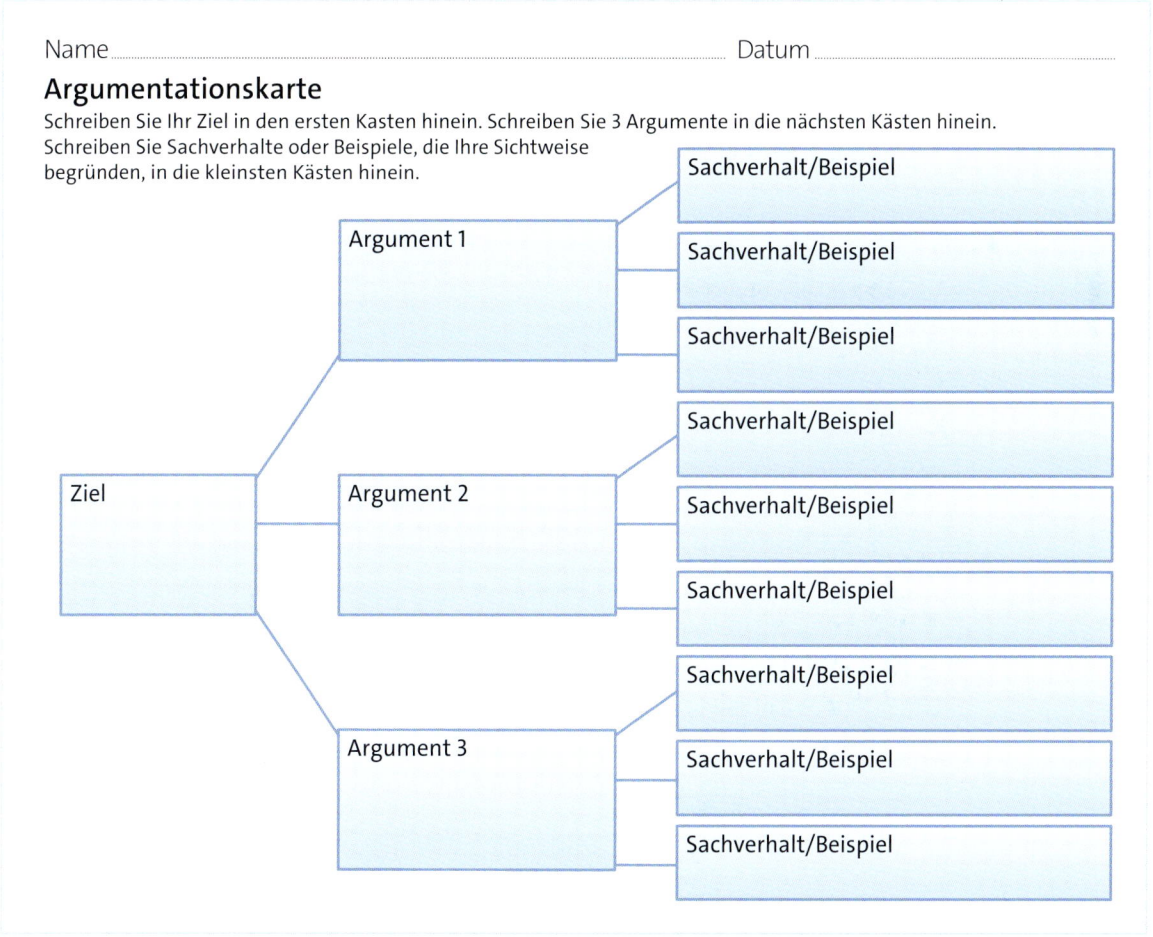

Ich leite eine Kita

Wann kann die Argumentationskarte eingesetzt werden?

Die Argumentationskarte passt gut, wenn jemand argumentieren und erklären soll, weshalb etwas auf neue Art und Weise gemacht werden sollte. Die Strategie lässt sich auch gut in kleineren Gruppen einsetzen, also nicht nur individuell.

Wie wird eine Argumentationskarte angefertigt?

Beginnen Sie mit der Aufgabe, dem Ziel bzw. dem, von dem Sie möchten, dass es umgesetzt werden soll. Es brauchen nicht alle Kästchen ausgefüllt zu werden. Wenn jemand die Argumentationskarte selbst an der Tafel oder an einem Flipchart anfertigen möchte, beginnt man mit dem Ziel und baut dieses mit verschiedenen Argumenten und Sachverhalten/Beispielen aus, vergleichbar mit Zweigen an einem Baum. Dabei fertigt man die Anzahl der jeweils benötigten kleineren und größeren Zweige an.

Wie zieht man aus der Argumentationskarte den größtmöglichen Nutzen?

Sofern sich viele gute Argumente ergeben, kann es klug sein, über jene abzustimmen, die man als wichtigste Argumente erachtet, um sie dann in einer bevorzugten Reihenfolge umzusetzen. Es gibt mehrere Beispiele für Abstimmungsverfahren in dem Buch (S. 130).

Methoden, Werkzeuge und Vorlagen

Name.. Datum................................

Argumentationskarte

Schreiben Sie Ihre Ziele in den ersten Kasten hinein. Schreiben Sie 3 Argumente in die nächsten Kästen hinein. Schreiben Sie Sachverhalte oder Beispiele, die Ihre Sichtweise begründen, in die kleinsten Kästen hinein.

Ziel
So viele gesunde Kinder und so wenige Erkrankungen

Argument 1
Tägliche Routineabläufe sind das Wichtigste

- **Sachverhalt/Beispiel**
  Sorgen Sie für die Reinigung der Toilettenränder. Die Kinder halten sich gern am Toilettenrand fest.
- **Sachverhalt/Beispiel**
  Machen Sie aus der Hygiene ein Spiel. Wenden Sie Regeln und ähnliches an. Immer Handschuhe beim Windelwechsel tragen. Setzen Sie regelmäßig Desinfektionsmittel ein, bevor die Kinder essen.
- **Sachverhalt/Beispiel**
  Kaufen Sie Spiele, die spülmaschinentauglich sind. Die Jüngsten nehmen die Spiele gern in den Mund. Benutzen Sie Einweglappen für Tische und Bänke.

Argument 2
Die Mitarbeiter müssen wissen, was sie zu tun haben und weshalb dies wichtig ist.

- **Sachverhalt/Beispiel**
  Desinfizieren Sie häufig Türgriffe, Treppenschutzgitter und Ähnliches. Viele kommen in Kontakt damit. Benutzen Sie immer Papier, keine Trockner. Sie verbreiten Bakterien.
- **Sachverhalt/Beispiel**
  Machen Sie es zum Anfangsritual, dass die Kinder die Hände waschen, bevor sie die Abteilung betreten. Die Geschwister zu Hause könnten krank sein.
- **Sachverhalt/Beispiel**
  Reinigen Sie die Spiele öfter. Desinfizieren Sie jedes Mal die Wickeltische-/kommoden. Es sind die jüngsten Kinder, die am ehesten einer Ansteckungsgefahr ausgesetzt sind.

Argument 3
Bei Erkrankungen müssen wir unseren Einsatz intensivieren.

- **Sachverhalt/Beispiel**
  Reinigen Sie alles SEHR VIEL öfter – siehe Projekt «Daumen hoch».
- **Sachverhalt/Beispiel**
  Desinfizieren Sie Griffe, Stopper, Türen sehr oft und jeden Tag.
- **Sachverhalt/Beispiel**
  Erklären Sie den Eltern, was sie zu Hause tun können. Machen Sie deutlich, wann und wie lange die Kinder wegbleiben MÜSSEN.

So kann eine Argumentationskarte aussehen, wenn das Ziel darin besteht, dass so viele Kinder wie möglich in der Kindertagesstätte gesund sind.

Ich leite eine Kita

Bloomsche Taxonomie

Themen: ⇨ Analyse, Bewertung, Reflexion und Auswertung ⇨ Qualitätsentwicklung ⇨ Problemlösung
⇨ Werkzeuge für Kinder, die gemeinsam mit Erwachsenen eingesetzt werden
⇨ Kompetenzentwicklung

Kinder lernen im Großen und Ganzen weltweit auf dieselbe Weise, und dies gilt auch für uns Erwachsene. Wir lernen auf dieselbe Weise wie Kinder, benötigen allerdings etwas anders geartete Verstärker oder Anregungen, um jene Botenstoffe auszulösen, die dem Gehirn beim Lernen behilflich sind. So lautet die Frage, die wir uns irgendwann stellen mussten, folgendermaßen: Gibt es irgendwelche „Schlüssel", die wir von einem Sektor zum anderen oder von einer Altersgruppe zur anderen mitnehmen könnten? Einer der „Schlüssel", den wir gefunden haben, ist die Bloomsche Taxonomie. In der Regel haben wir dieses Werkzeug für Schulkinder eingesetzt, um deren Verständnis für Lerninhalte aufzuschlüsseln und zu erweitern. Die Bloomsche Taxonomie ist nämlich ein Verfahren zur Erläuterung dessen, wie wir uns selbst und andere auf eine höhere Stufe des Verstehens und Lernens bringen können – vom reinen Erlernen von Faktenwissen zu einem höheren Grad von Reflexion in Bezug auf eigenes Lernen und Praxis. Allerdings haben wir erfahren, dass auch Erwachsene enorm großen Nutzen aus diesem Verfahren zur Entwicklung ihrer Denkfähigkeit ziehen können.

Die Bloomsche Taxonomie hat ihren Namen Benjamin Bloom zu verdanken, der bereits 1956 das Licht der Welt erblickte. Lernen kann unglaublich viel bedeuten. Durch den Einsatz der sechs Stufen der Bloomschen Taxonomie werden sowohl Kinder als auch Angestellte lernen, weiterführende Fragen zu stellen, ursächliche Zusammenhänge zu analysieren und die eigene Denkfähigkeit zu entwickeln. Taxonomie bedeutet unter anderem „Einordnung in bestimmte Kategorien", und die Bloomsche Taxonomie besteht aus sechs Stufen. In unserem Buch **„Ich leite eine Kita. Fachwissen, Werte und Erfolgsgeschichten"** gibt es durchgängig Beispiele für den Einsatz der Bloomschen Taxonomie bei der Entwicklung der Kindertagesstätte und ihrer Angestellten.

Wie ist die Bloomsche Taxonomie aufgebaut, und welche Fragen und Hilfsmittel gehören dazu?

Stufe 1 – Faktenwissen

Beim Faktenwissen geht es darum, Dinge wiederzuerkennen, von denen wir bereits gehört haben, Kenntnisse und Erfahrungen wiedergeben zu können und diese Dritten auf ungefähr dieselbe Weise zu präsentieren, in der wir sie gelernt haben. Wenn wir ein Sachbuch gelesen haben, in dem pädagogische Theorien erläutert werden, oder wenn wir erst vor kurzem an der einen oder anderen

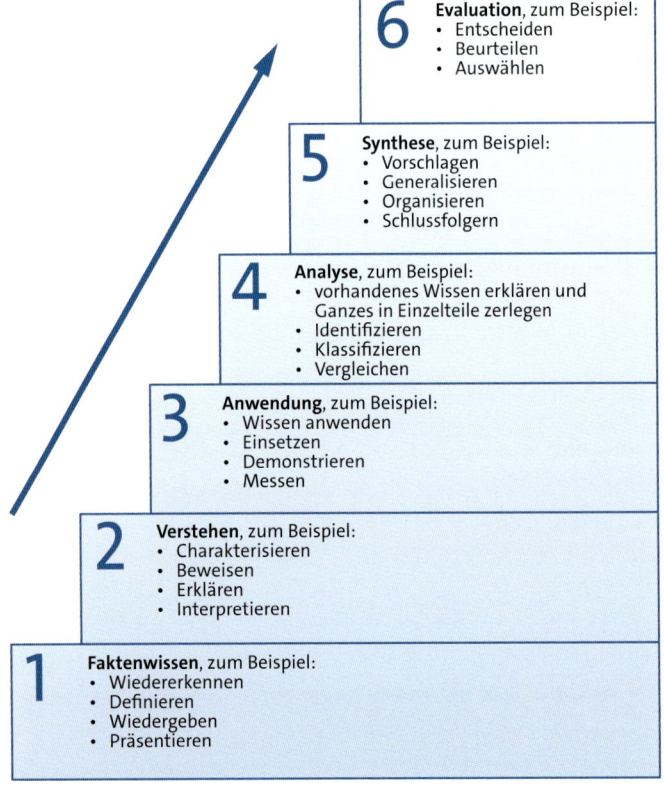

Bloomsche Taxonomie

Form einer Aus- oder Fortbildung teilgenommen haben, befinden wir uns auf dieser Stufe, sofern wir den Inhalt in einem Buch oder die Essenz der Aus- oder Fortbildung wiedergeben können. Aber heißt das auch, dass wir alles können oder verstanden haben? Ganz und gar nicht!

Auf dieser Stufe zu stellende Fragen:
- Können Sie wiedergeben …?
- Können Sie zeigen, wie …?
- Was meinen wir mit …?
- Können Sie auflisten …?

Hilfsmittel können sein:
- Lotusdiagramm
- Minilotus
- Gedächtnislandkarte

Stufe 2 – Verstehen

Beim Verstehen geht es darum, dass wir das, was wir auf der vorhergehenden Stufe gelernt haben, verstehen, interpretieren, erläutern, mit eigenen Worten wiedergeben und von der Theorie in die Praxis umsetzen können. Es ist eine Sache, zu wissen, was wir tun müssen – eine andere ist es aber, zu verstehen, weshalb dies so ist. Wer von uns in den 1960er, 1970er und vielleicht noch in den frühen 1980er Jahren zur Schule gegangen ist, erinnert sich vielleicht noch daran, dass die besten Noten der bekam, der detailliert wiedergeben konnte, was in den Büchern stand. In der Bloomschen Taxonomie ist dies die niedrigste Stufe. Das heißt, dass derartiges Wissen unwichtig ist, denn es bildet die Grundlage für das, was erst später kommt. Auf Stufe 2 geht es darum, ein Verständnis dafür zu entwickeln, was wir gelernt haben, und ganz wesentlich ist, dass man alles mit eigenen Worten erklären kann.

Auf dieser Stufe zu stellende Fragen:
- Können Sie mit eigenen Worten beschreiben, …?
- Welche Unterschiede bestehen zwischen …?
- Worin bestehen die Unterschiede und worin die Gemeinsamkeiten zwischen …?
- Können Sie, mit eigenen Worten, eine Zusammenfassung der wichtigsten Bereiche liefern, über die Sie etwas gelernt oder gelesen haben?

Hilfsmittel können sein:
- Y-Diagramm
- Venn-Diagramm
- Die fünf W-Fragen
- WMFL

Stufe 3 – Anwenden

Beim Anwenden geht es darum, das Wissen, das man sich angeeignet hat, einsetzen zu können. Wir haben etwas Neues gelernt; wir begreifen, was dies in der Praxis bedeutet und wie wir unser Wissen einsetzen können. Wir wissen, weshalb etwas klug ist und welche Auswirkungen es haben könnte. Auf dieser Stufe können wir unser Wissen bei unserer praktischen Arbeit einsetzen und auch dann aufgetretene Probleme lösen und Aktivitäten leiten, wenn sich Voraussetzungen und Rahmenbedingungen um uns herum verändern sollten. Auf dieser Stufe besitzen wir also nicht nur Basiswissen, sondern auch fundiertes Wissen, und wir haben begriffen, wie sich dieses Wissen im Alltag einsetzen lässt.

Auf dieser Stufe zu stellende Fragen:
- Wie können Sie … einsetzen?
- Gibt es andere Wege dafür, dies zu machen?

Hilfsmittel können sein:
- Minilotus
- Lotusdiagramm
- Gedächtnislandkarte
- Brainstorming mit gelben Zetteln
- grüner Denkhut

Stufe 4 – Analyse

Hier geht es darum, Bekanntes zu erläutern, das Ganze in Einzelteile aufzugliedern, Ursachen zu identifizieren und Wissen zu systematisieren und zu vergleichen. Um diese Stufe erreichen zu können, ist sowohl grundlegendes Wissen und ein Verständnis für dieses Wissen erforderlich als auch, dass wir dieses fundierte Wissen auch dann in die Praxis umsetzen können, wenn sich beispielsweise die äußeren Rahmenbedingungen ändern sollten. Wir wissen also was, weshalb und wie. Die Bewertung der in einer Kindertagesstätte geleisteten Arbeit ist ein großer Schwerpunktbe-

Ich leite eine Kita

reich – sowohl aufseiten der Behörden als auch vieler privater Anbieter. Im norwegischen Rahmenplan steht unter anderem:

„Wohlbefinden und Entwicklung der Kindergruppe und des einzelnen Kindes sind daher fortlaufend zu beobachten und zu bewerten. Das Augenmerk ist auf das Zusammenspiel der Kinder untereinander, zwischen Kindern und Personal und zwischen den Angestellten der Kindertagesstätte zu richten. Die Arbeit in der Kindertagesstätte ist zu bewerten, das heißt, unter Berücksichtigung der im Kindertagesstättengesetz, dem Rahmenplan und eventuellen örtlichen Richtlinien und Plänen festgelegten Kriterien zu beschreiben, zu analysieren und zu interpretieren."

Viele haben die Erfahrung gemacht, dass diese Bewertungsarbeit sich oftmals in der einen oder anderen Form des Abhakens dessen erschöpft, was wir gemacht haben, sei es auf Papier oder in Computerprogrammen. Gleichzeitig erfolgt sehr oft die eine oder andere Form einer Reflexion in Bezug darauf, wie wir einen Auftrag ausgeführt haben. Um eine gründliche Bewertung dessen abgeben zu können, wie eine Arbeit oder ein Auftrag durchgeführt wurden, sind wir dazu gezwungen, genügend Kenntnisse sowohl über das Was, Wie und Weshalb zu besitzen. Dies ermöglicht uns, sowohl das große Ganze als auch die einzelnen Teile zu erkennen und festzustellen, woraus diese bestehen und welche Auswirkungen unser Handeln auf die einzelnen Teile und somit auch auf das große Ganze haben kann.

Bei einer Bewertung darf es niemals nur darum gehen, eine durchgeführte Aktivität einfach nur abzuhaken. In einigen Fällen kann das Abhaken in der Tat eine Form der Qualitätssicherung sein, aber die Qualitätsentwicklung selbst erfolgt über eine Reflexion, die auf Grundlage einer gründlicheren Analyse erfolgt. Auf qualitativ ausreichend gute Weise zu bewerten, bedeutet, dass wir unter anderem dazu imstande sind, die Auswirkungen unseres Handelns zu erkennen. Das heißt also, dass wir auch die einzelnen Teile eines großen Ganzen bewerten können müssen, und dies lässt sich nur schwerlich durch Kästchen erreichen, die einfach abgehakt werden oder durch Vordrucke mit fertigen Aussagen. Ein sehr wirkungsvolles Werkzeug bei der Bewertungsarbeit ist der PDSA-Zyklus (siehe S. 117).

Auf dieser Stufe zu stellende Fragen:
- Können Sie erklären, weshalb A mit B zusammenhängt?
- Welche Belege können Sie dafür finden, dass ...?
- Weshalb glauben Sie ...?
- Wie viele Lösungen sehen Sie hier?

Hilfsmittel können sein:
- Offene und geschlossene Fragen
- Argumentationskarte
- Ursache-Wirkungs-Diagramm

Stufe 5 – Synthese

Stufe 5 der Bloomschen Taxonomie wird als Synthese bezeichnet. Wir haben nun die Phase erreicht, in der wir an der Entwicklung und Systematisierung unserer Arbeitsweise arbeiten. Wir ziehen Schlussfolgerungen und kommen zu neuen und besseren Lösungen für unsere Arbeitsweise. Dies ist eine kreative Phase, in der wir Kenntnisse aus verschiedenen Feldern miteinander kombinieren und diese Kenntnisse zur Gestaltung neuer Lösungen zusammenfügen. Diese Stufe verlangt nicht nur, dass wir eine bewusste Haltung zu dem Was, Wie und Weshalb einnehmen, sondern auch die Fähigkeit, die Was-, Wie- und Weshalb-Gedankengänge aus unterschiedlichen Bereichen zu kombinieren und anschließend zu einem neuen Ganzen zusammenzufügen. Dabei kann es um die Entwicklung neuer Standards und neuer Arbeitsabläufe gehen: „So wird das hier bei uns gemacht." Es kann aber auch darum gehen, dass wir erkennen, dass unsere Kindertagesstätte sich fachlich in eine ganz neue Richtung entwickelt hat und dass wir tatsächlich im Begriff sind, in einem Bereich ausgesprochen gut zu werden, sodass wir ein neues Profil erreichen.

Auf dieser Stufe zu stellende Fragen:
- Wie wollen Sie Folgendes verbessern?
- Können Sie eine Alternative zu ... vorschlagen?
- Können Sie einen Vorschlag entwickeln, der ...?
- In welcher Hinsicht können Sie ...?
- Können Sie das Ergebnis von ... vorhersehen?
- Welche Veränderungen möchten Sie vornehmen, um ... zu lösen?

Hilfsmittel können sein:
- Die sechs Denkhüte

Stufe 6 – Beurteilung

Stufe 6 der Bloomschen Taxonomie ist die Beurteilung. Die Beurteilung auf dieser Stufe ist eine gründlichere Form der Beurteilung als die auf Stufe 4 durchgeführte Analyse. Hier müssen wir beurteilen, ob wir tatsächlich halten können, was wir Kindern, Eltern und der Gesellschaft versprechen. Können wir für die Vision und die Werte einstehen, die die Kindertagesstätte laut unserer Aussage hat? Behaupten wir eine Sache nach außen, während unsere eigene Praxis etwas anderes zeigt? Wie macht unsere Kindertagesstätte etwas im Vergleich zu anderen Kindertagesstätten? Wenn sich die Kita zum Beispiel als Natur-Kindertagesstätte profiliert hat: Erfüllen wir die an eine Natur-Kindertagesstätte gestellten Erwartungen? Welche Erwartungen werden eigentlich an eine solche Kita gestellt? Kennen wir sie? Besitzen wir die Kenntnisse und Kompetenzen und – nicht zuletzt auch – jenes Verständnis von dem Begriff „Natur-Kindertagesstätte", das wir besitzen sollten? Wie viele unserer Angestellten befinden sich zum Beispiel immer noch auf Stufe 1 der Bloomschen Taxonomie im Hinblick auf die für eine Natur-Kindertagesstätte benötigten Kenntnisse?

Auf dieser Stufe zu stellende Fragen:
- Welche Auffassung vertreten Sie in Bezug auf ...? Weshalb meinen Sie das?
- Was hätten Sie gewählt ...? Weshalb?
- Welche Schlussfolgerungen können Sie aus ... ziehen?
- Können Sie den Wert oder die Bedeutung von ... beurteilen? Was liegt Ihrer Beurteilung zugrunde?
- Können Sie das Ergebnis von ... vorhersehen?
- Welche Veränderungen möchten Sie vornehmen, um ... zu lösen?

Hilfsmittel können sein:
- PMI
- Die sechs Denkhüte

Können wir die Bloomsche Taxonomie in der Kindertagesstätte einsetzen?

Es gibt viele Möglichkeiten für den Einsatz des Gedankengangs auf den sechs Stufen mit den Kindern einer Kindertagesstätte. Besonders interessant ist es möglicherweise, Fragen stellen und Aufgaben verteilen zu können, durch die die Kinder herausgefordert werden und sich weiterentwickeln. Wie können wir Konzepte entwickeln, damit die Kinder ständig immer mehr lernen und zur Entwicklung neuer Gedanken herausgefordert zu werden?

Auf der nächsten Seite zeigen wir zwei Beispiele für den Einsatz der Bloomschen Taxonomie mit den größeren Kindern. Beide Beispiele erfordern umfassende Aktivität, Beteiligung und Engagement seitens der Erwachsenen.

Ich leite eine Kita

Eisenbahnprojekt

Stufe 1 – Faktenwissen

- Passagierzüge
- Güterzüge
- Züge, die mit Elektrizität betrieben werden
- Züge, die mit Diesel betrieben werden
- Dampflokomotiven
- Auf Schienen fahren

Hier können die Kinder erzählen, was sie wissen und was sie gelernt haben.

Stufe 2 – Verstehen

- Brauchen wir ein Lenkrad, um einen Zug oder eine Straßenbahn zu steuern?
- Wie funktioniert ein Stromabnehmer?
- Ist es damit getan, eine Dampflokomotive einfach nur zu starten und dann loszufahren?

Hier können die Kinder erklären, wie die Dinge ihrer Auffassung nach zusammenhängen – ausgehend von den Kenntnissen, die sie haben.

Stufe 3 – Anwenden

- Gemeinsame Experimente mit den Kindern und Einsatz einer Dampfmaschine.

Hier können die Kinder auf Grundlage ihrer früheren Erfahrungen etwas anfertigen oder tun.

Stufe 4 – Analyse

- Welche Züge machen den meisten Krach, und weshalb ist das so?
- Gibt es noch weitere Dinge, die auf Schienen fahren?

Hier sollen die Kinder erkennen können, wie einzelne Teile sich auf das Ganze auswirken und wie Dinge zusammenhängen können.

Stufe 5 – Synthese

- Können wir hier in der Kindertagesstätte eine funktionierende Eisen- oder Straßenbahn bauen? Was bräuchten wir dafür?

Hier können die Kinder neues und altes Wissen anwenden und dadurch etwas Neues erschaffen.

Stufe 6 – Beurteilung

- Weshalb können wir die Wagen von der Straßenbahn nicht auf den Schienen für einen Zug einsetzen?

Hier sollen die Kinder beurteilen und begründen können, weshalb etwas gut ist oder funktioniert oder nicht.

Es bestehen großes Interesse und viele Aktivitäten im Zusammenhang mit Zügen und dem Bau von Eisenbahnschienen aufseiten der Fünf- bis Sechsjährigen. Welche Fragen können wir stellen und welche Aktivitäten können wir konzipieren?

Methoden, Werkzeuge und Vorlagen

Stufe 1 Faktenwissen	Nennt einige Gründe dafür, weshalb Hänsel und Gretel im Wald verlassen werden. Benutzt am besten den weißen Denkhut.	Beschreibt die Person, der das Knusperhäuschen gehört.	Nennt alle in dem Märchen vorkommenden Personen.
Stufe 2 Verstehen	Erklärt, weshalb die Hexe in einem Knusperhäuschen wohnt.	Erklärt, welchen Plan Gretel hatte, als die Hexe sie darum bat, in den Ofen zu kriechen.	Erklärt, was geschah, nachdem die Kinder zum zweiten Mal im Wald verlassen worden waren.
Stufe 3 Anwenden	Bastelt ein Pappmodell des Hexenhauses.	Bastelt eine Märchenlandkarte über einen Ausflug in einen tiefen Wald.	Malt ein Bild mit einem Motiv aus dem Märchen von Hänsel und Gretel.
Stufe 4 Analyse	Erklärt den Unterschied zwischen einer Szene aus dem Buch, die euch gefallen hat, und einer Szene, die euch nicht gefallen hat. Erzählt bitte, weshalb.	Was glaubt ihr, dachte die Hexe, als sie Hänsel und Gretel begegnete?	Benutzt ein Venn-Diagramm, denkt an eine Hexe aus einem anderen Märchen, das ihr gelesen habt, und vergleicht diese mit der Hexe aus dem Märchen von Hänsel und Gretel. Was ist gleich und was ist unterschiedlich?
Stufe 5 Synthese	Wie findet ihr das, was der Vater von Hänsel und Gretel getan hat? War er ein netter Vater? War er nett gegenüber seiner Frau?	Wer war eurer Ansicht nach der oder die Klügste in dem Märchen? Weshalb seid ihr dieser Ansicht?	Denkt an die Stiefmütter, über die ihr in anderen Märchen etwas gelesen habt. Macht eine Liste mit ihnen, wobei sich die Netteste ganz oben und die Schlimmste ganz unten auf der Liste befinden soll.
Stufe 6 Beurteilung	Was hättet ihr anstelle der Eltern von Hänsel und Gretel gemacht? Erzählt, weshalb ihr genau das und nichts anderes gemacht hättet.	Entwickelt ein neues Märchen, in dem Hänsel und Gretel eine leere Hütte im Wald vorfinden.	Tut so, als ob ihr Hänsel oder Gretel wärt, und erdichtet neue Möglichkeiten, um den Heimweg zu finden. Setzt zum Beispiel den grünen Denkhut auf.

Märchen lassen sich ebenfalls ausgezeichnet einsetzen, und hier zeigen wir, wie sich die Stufen der Bloomschen Taxonomie einsetzen lassen, um verschiedene Perspektiven im Märchen von Hänsel und Gretel der Brüder Grimm zu erkennen.

Ich leite eine Kita

Die fünf W-Fragen

Themen: ⇨ Analyse, Bewertung, Reflexion und Auswertung
⇨ Werkzeuge für Kinder, die gemeinsam mit Erwachsenen eingesetzt werden

Was?
Wer?
Weshalb?
Welche(r)?
Wie?

Was sind die fünf W-Fragen?

Die fünf W-Fragen sind ein Informationsplan über vitale Schlüsselfragen: was, wer, weshalb, welcher und wie?

Welchen Vorteil bieten die fünf W-Fragen?

Die fünf W-Fragen helfen uns zu erkennen, wie es sinnvoll sein kann, Fragen zu stellen, um wichtige Informationen zu sammeln, und wie wir diese Informationen mithilfe von Fragewörtern präzisieren können.

Wann können die fünf W-Fragen eingesetzt werden?

Die fünf W-Fragen sind eine Strategie, die sich von Gruppen oder von Einzelpersonen einsetzen lässt. Sie eignet sich am besten für die älteren Kinder der Kindertagesstätte und für verschiedene Fragen oder Problemstellungen in einer Personalgruppe, einer Abteilung oder einer Stammgruppe.

Wie werden die fünf W-Fragen angefertigt?

Zeichnen Sie fünf Spalten an eine Tafel, auf ein White- oder Smartboard, einen Flipchart oder ein Blatt Papier.

Feuer in der Stadt Kardemomme!

Was ist geschehen?

Der Turm von Tobias hat angefangen zu brennen und den Räubern ist es gelungen, das Feuer zu löschen. Alles ist gut gegangen.

Wer war im Turm, als es brannte?

Der kleine Hund und der Papagei.

Weshalb ist das passiert?

Vielleicht, weil jemand mit Streichhölzern gespielt hatte?

Zu welcher Zeit ist es passiert?

Am Tag.

Wie ist es den Räubern ergangen?

Sie wurden aus dem Gefängnis entlassen und wurden Zirkusdirektor, Bäcker und Feuerwehrhauptmann.

So können die fünf W-Fragen aussehen, wenn man sich mit dem Kinderbuch „Die Räuber von Kardemomme" von Thorbjørn Egner beschäftigt hat.

Mobbing in der Kindertagesstätte

Was – können die Eltern tun?

Sie können Freundschaften zwischen den Kindern außerhalb der Zeit in der Kindertagesstätte begründen; freundlich, aber bestimmt Grenzen setzen. Nicht versuchen, das eigene Kind zu verteidigen. Kindertagesstätte informieren bei Fehlverhalten.

Wer – kann Opfer von Mobbing werden?

Das können vorsichtige Kinder, verletzliche Kinder, sprachlich schwache Kinder sein.

Weshalb – geschieht Mobbing?

Es können kreative, interessante, unternehmungslustige, aggressive Kinder sein, die in ein Muster hineingeraten sind, in dem es ihnen zur Gewohnheit geworden ist, diejenigen zu sein, die fast jedes Mal den Inhalt eines Spiels bestimmen, wer dabei mitmachen darf und wer welche Rollen übernehmen soll.

Welche – Strategie sollte die Kindertagesstätte verfolgen?

Sorgen Sie dafür, dass dort, wo Kinder sind, Erwachsene zur Stelle sind. Treten Sie als deutliche und starke Erwachsene auf und machen Sie eindeutig klar, was nicht akzeptiert wird. Führen Sie regelmäßig Gespräche mit den Kindern. Akzeptieren Sie, dass es auch unter kleinen Kindern Mobbing geben kann. Beobachten Sie sie ständig. Arbeiten Sie mit Spielkompetenz und Sprache.

Wie – sieht Mobbing unter kleinen Kindern aus?

Schlagen, schubsen, stoßen, an den Haaren ziehen, ausgrenzen, hänseln, abgelenkt werden, beleidigen.

In diesem Beispiel haben sich die Angestellten mit Mobbing in der Kindertagesstätte befasst.

Ich leite eine Kita

Die sechs Denkhüte

Themen: ⇨ Analyse, Bewertung, Reflexion und Auswertung ⇨ Qualitätsentwicklung ⇨ Problemlösung ⇨ Werkzeuge für Kinder, die gemeinsam mit Erwachsenen eingesetzt werden ⇨ Kompetenzentwicklung

Die sechs Denkhüte sind ein Gerüst für kreatives Denken, das 1985 von Dr. Edward de Bono eingeführt wurde. De Bono gilt als einer der weltweit wichtigsten Forscher für kreatives Denken und Gedankenkraft. Seine Arbeit zur Entwicklung von Modellen für kreatives Denken und Gedankenkraft gilt als so wesentlich, dass er von vielen zu den 250 Menschen mit der größten Bedeutung für die Menschheit gezählt wird!

Davon, dass die Methode mit den sechs Denkhüten die richtige Annäherung an kreative Problemlösungen darstellt, zeugt die Liste der jeweiligen Nutzer. Die Methode wird von einer Reihe weltweit führender Unternehmen eingesetzt, wie zum Beispiel von IBM, Microsoft, Shell, Sony/Ericsson, Ford, NASA und Statoil/Hydro. Es sind allerdings nicht nur große internationale Konzerne, die die Denkhüte benutzen. Sie werden vor allem von Hilfsorganisationen über Kindertagesstätten bis hin zu Schulen eingesetzt.

Die Denkhüte sind ein enorm nützliches Hilfsmittel für Führungskräfte. Sie können zum Beispiel zur Strukturierung von Personalbesprechungen und Elterngesprächen oder als Hilfsmittel zur Durchführung von schwierigen Gesprächen eingesetzt werden. Die Methode besteht aus sechs verschiedenen Denkweisen, die durch sechs Hüte mit verschiedenen Farben repräsentiert werden. Die „Hüte" selbst sollen als mentale Aufhänger fungieren, die leichter zu erklären und zu merken sind als komplizierte psychologische Begriffe. Die Farbe an den Hüten wird eingesetzt, damit alle jederzeit wissen, welches Denken gerade gefragt ist.

Es ist wichtig zu beachten, dass die Hüte nicht unbedingt physisch zur Stelle sein müssen; sie sind in der Regel eher imaginär vorhanden. Es ist die Denkweise, die wichtig ist – nicht der einzelne Hut.

Laut Edward de Bono gibt es drei Hindernisse für kreatives Denken:

1 Gefühle. Wir reagieren gefühlsmäßig statt logisch zu denken. Gefühle – seien es Furcht, unser „Bauchgefühl" oder andere Gefühle – sind wichtige Bestandteile des Denkens. Aber an der falschen Stelle können Gefühle zu vollkommen falschen Schlüssen führen.

2 Hilflosigkeit. Wir wissen nicht, wie wir vorgehen sollen, welches der nächste Schritt in einem Gedankenprozess ist oder welche Strategie wir benötigen, um fortzufahren.

3 Verwirrung. Wir haben zu viele Gedanken gleichzeitig im Kopf. Dies führt dazu, dass die Gedanken in alle Richtungen gehen und dem Denken die Struktur fehlt.

Die sechs Denkhüte wurden entwickelt, um uns bei der Überwindung dieser Hindernisse zu helfen.

Welchen Vorteil bieten die Denkhüte?

Beim traditionellen Denken oder Argumentieren werden eine Reihe von Elementen miteinander vermischt. Unsere eigene Argumentation ist davon geprägt, was für uns selbst von Vorteil oder von Nachteil sein könnte. Fakten werden mit Gefühlen vermischt, und oft nehmen wir kaum wahr, was die andere Partei eigentlich sagt, weil wir viel zu sehr damit beschäftigt sind, unsere eigenen Argumente oder Diskussionsbeiträge vorzubereiten. Dieser Mix aus Fakten und Gefühlen, Vorteilen und Nachteilen, guten und schlechten Ideen und Gegenargumenten führt sehr häufig dazu, dass der Kommunikationsprozess oder Gedankenprozess entweder ganz eingestellt wird oder sich bestenfalls im Schneckentempo bewegt. Dies gilt

Methoden, Werkzeuge und Vorlagen

Denken mit dem blauen Hut

Der blaue Hut hat seine Farbe dem Himmel zu verdanken und er symbolisiert die ganzheitliche Perspektive. Der blaue Hut repräsentiert das Metakognitive – das Denken über das Denken. Er ist die steuernde Kraft für alle Hüte, sorgt dafür, dass alle gleichzeitig denselben Hut tragen und achtet darauf, dass wir dem jeweiligen Prozess ordnungsgemäß folgen. Wir sollten daher mit dem blauen Hut beginnen, wenn wir eine Sitzung mit den Denkhüten starten. Der Hut wird eingesetzt, um Diskussionen zu koordinieren, zu organisieren und dabei Struktur zu schaffen, um Schlussfolgerungen zu ziehen, zeitliche Begrenzungen festzulegen, Beschlüsse zu hinterfragen und zusammenzufassen.

Fragen, die mit dem blauen Hut gestellt werden können:
- Welche Ziele haben wir/Was möchten wir erreichen?
- Wo sollen wir beginnen?
- Wie viel Zeit steht uns zur Verfügung?
- Was machen wir danach?
- Was haben wir erreicht (am Ende)?

Denken mit dem weißen Hut

Die weiße Farbe symbolisiert das Neutrale und Objektive. Der weiße Hut wird eingesetzt, um Fakten und Statistiken auszuwerten: Informationen und Fakten klären, schriftlich festhalten und überprüfen. Der weiße Hut verdankt seine Farbe den weißen Blättern, auf denen die Angaben zu den Fakten stehen, und er hilft uns dabei, Fakten und leeres Gerede auseinanderzuhalten.

Fragen, die mit dem weißen Hut gestellt werden können:
- Welche Informationen und welche Fakten liegen uns vor?
- Stimmen die Informationen und die Fakten, die wir besitzen?
- Welche Informationen fehlen uns?
- Wie sollen wir an die Informationen herankommen, die uns noch fehlen?
- Welche Fragen müssen wir stellen?

Denken mit dem roten Hut

Die rote Farbe repräsentiert die emotionale Seite und beschreibt Gefühle – sowohl positive als auch negative. Der rote Hut wird eingesetzt, um Gefühle auszudrücken, gefühlsmäßige Reaktionen von Dritten vorherzusehen und zugrunde liegende Gefühle zu erforschen.

Fragen, die mit dem roten Hut gestellt werden können:
- Welche Gefühle habe ich dafür?
- Fühlt sich das richtig an?
- Wie reagiere ich darauf?
- Was sagt mir mein Bauchgefühl?

Ich leite eine Kita

Denken mit dem gelben Hut

Die gelbe Farbe steht für das Helle, Sonnige und Optimistische. Der gelbe Hut wird eingesetzt, um Vorteile zu erkennen, um alles Positive zu beleuchten, um zu erläutern, weshalb etwas funktionieren wird und um Negatives zu beseitigen. Das Denken des gelben Hutes repräsentiert sowohl das Konstruktive als auch das Produktive.

Fragen, die mit dem gelben Hut gestellt werden können:
- Worin bestehen die Vorteile?
- Weshalb ist dies einen Versuch wert?
- Wie trägt dies zu einer Vereinfachung bei?
- Weshalb wird diese Idee funktionieren?

Denken mit dem grünen Hut

Die grüne Farbe symbolisiert die Hoffnung und alles, was wächst und gedeiht, und sie repräsentiert Energie und Kreativität. Der grüne Hut wird eingesetzt, um etablierte Muster und Denkweisen zu hinterfragen, um nach neuen Möglichkeiten Ausschau zu halten und nach neuen Ideen, Konzepten und Verbesserungen zu suchen.

Fragen, die mit dem grünen Hut gestellt werden können:
- Was ist möglich?
- Welche kreativen Ideen haben wir?
- Welche Alternativen gibt es?
- Was können wir verändern?
- Welche neuen Formen der Annäherung können wir entwickeln?
- Wie können wir dies weiterentwickeln?

Denken mit dem schwarzen Hut

Die schwarze Farbe symbolisiert das Negative und das Verurteilende, und der schwarze Hut wird eingesetzt, um Fehler, Schwächen und potenzielle Gefahren bei einem Plan oder einer Handlung zu finden. Viele halten den schwarzen Hut für einen schlechten Hut – für einen Hut, der unnötig einschränkend wirkt. Aber der schwarze Hut ist vielleicht auch der wichtigste Hut, weil er Vorbehalte und Vorsicht repräsentiert und uns daran hindert, etwas Unrechtes und Dummes zu tun. Zudem ermuntert er uns zur Vorsicht und zieht Probleme in Erwägung, die in Zukunft auftreten könnten.

Fragen, die mit dem schwarzen Hut gestellt werden können:
- Wo liegen die Schwächen?
- Worin besteht das Problem?
- Welche Probleme könnten auftreten?
- Was ist falsch daran?
- Weshalb wird das nicht funktionieren?
- Stimmt dies mit unseren Erfahrungen überein?

genauso häufig für Diskussionen bei Abteilungsbesprechungen und Personalbesprechungen wie bei der täglichen Kommunikation.

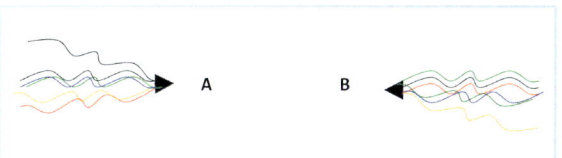

Der Vorteil am parallelen Denken, zu dem wir beim Einsatz der sechs Denkhüte gelangen, besteht darin, dass alle gezwungen sind, beim Denken einem bestimmten Muster zu folgen, da sich die ganze Gruppe gleichzeitig auf eine einzige Sache konzentriert. Wenn alle Gruppenmitglieder in dieselbe Richtung denken, entfernen wir uns davon, unsere eigenen Gedanken und Intentionen zu verteidigen, wodurch unser Denken sehr viel effizienter und wirkungsvoller wird.

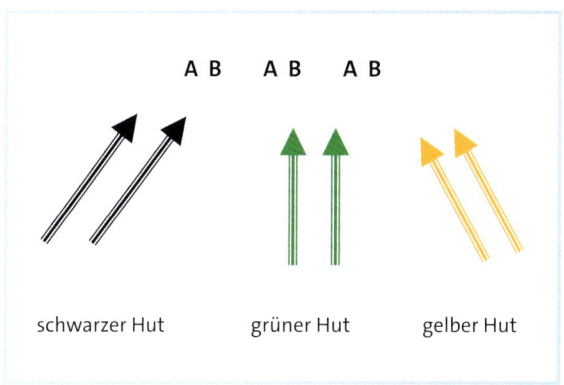

Wann und wie können die sechs Denkhüte eingesetzt werden?

Die sechs Denkhüte können in nahezu allen Zusammenhängen eingesetzt werden, die mit einer gedanklichen Tätigkeit einhergehen. In der Personalgruppe, bei Besprechungen mit den Eltern, bei Gesprächen mit einer oder mit zwei Personen – oder mit Kindern. Der einfachste Einsatz besteht darin, einen Hut nach dem anderen zu benutzen. Sind wir an Fakten interessiert, setzen wir den weißen Denkhut ein. Dabei ist leeres Gerede nicht erlaubt. Fakten sind Fakten und müssen sich auf der einen oder anderen Form dokumentieren oder belegen lassen. „Ich finde, dass dies so und so ist ..." ist kein Faktum, sondern eine Rote-Hut-Aussage.

Wollen wir die Vorteile eines Vorschlags erkennen, setzen wir alle den gelben Hut auf. Haben wir Einwendungen, so gehören diese zum Denken mit dem schwarzen Hut. Dasselbe gilt, wenn wir den grünen Hut einsetzen und neue Lösungsvorschläge vorbringen. Dabei dürfen keine Kommentare wie zum Beispiel „das wird nicht funktionieren" oder „das haben wir bereits ausprobiert" vorkommen – dies ist ebenfalls Denken, das zum schwarzen Hut gehört. Den schwarzen Hut können wir einsetzen, um eventuelle Nachteile eines Vorschlags zu bewerten, der ursprünglich den Eindruck vermittelt hat, gut zu sein. Was kann hier schiefgehen? Können wir eventuelle Probleme vorhersehen? Dies ist typisches Denken mit dem schwarzen Hut und darf nicht abgetan werden mit: „Ach, das wird sich schon irgendwie lösen lassen!" – das entspricht bestenfalls dem Denken mit dem gelben Hut.

Eine andere Methode für den Einsatz der Denkhüte stellt die Zusammensetzung von Sequenzen mit mehreren Hüten dar. Soll ein Vorschlag zur Änderung von Arbeitsabläufen in der Kindertagesstätte bewertet werden, kann eine Sequenz mit zwei Hüten eingesetzt werden: zunächst der gelbe Hut, um herauszufinden, welche Vorteile und welche nützlichen und hilfreichen Beiträge sich durch eine Änderung ergeben würden, und dann der schwarze Hut, um Schwierigkeiten und eventuelle Risiken einer derartigen Änderung abzuklären. Hierbei werden sowohl Vor- als auch Nachteile erarbeitet. Eine solche Sequenz lässt sich dann eventuell dadurch abschließen, dass alle den roten Hut aufsetzen und sagen, was sie jetzt für den Vorschlag empfinden.

Im Gespräch mit einem Mitarbeiter – zum Beispiel über einen Verstoß gegen gemeinsame Regeln oder Beschlüsse – können auch die Denkhüte ein nützliches Hilfsmittel sein. Als Vorbereitung auf das Gespräch wird der weiße Hut eingesetzt: Die Fakten dazu, was passiert ist oder auch nicht, müssen auf den Tisch. Wie viele Male ist das passiert, wie wurde gegen welche Regeln verstoßen? Es sind Fakten, nicht Gefühle oder negative Konsequenzen, die beleuchtet werden sollen. Danach

Ich leite eine Kita

kann es nützlich sein, herauszufinden, welche Gefühle dadurch freigesetzt werden: Es folgt eine kurze Sitzung mit dem roten Hut, dann das Denken mit dem schwarzen Hut: Wozu führt ein spezifisches Verhalten, welche negativen Konsequenzen hat dies für Kinder und Eltern, für Kollegen, für die Kindertagesstätte? Ist ein Gespräch als eine Form von Abmahnung zu verstehen, wird es jetzt angebracht sein, mit dem Denken des blauen Hutes fortzufahren: Schlussfolgerungen ziehen und das Gespräch beenden. Besteht allerdings der Wunsch, nach Lösungen und Möglichkeiten für eine Verbesserung Ausschau zu halten, hat der grüne Hut natürlich Vorrang vor dem blauen Denkhut. In solchen Situationen braucht man weder über die Hüte zu sprechen noch auf diese zu fokussieren. Dies würde nur störend wirken. Wichtig ist nur, dass die Person, die das Gespräch führen soll, bereits im Vorfeld darüber nachgedacht hat, welche Perspektiven aufgezeigt werden müssen. Zu Beginn des Gesprächs erklärt der Gesprächsleiter, wie er sich die Besprechung vorgestellt hat, und dann erhält der Gesprächsleiter die Zustimmung dafür, dass sich alle Teilnehmer daran halten. Dasselbe kann zum Beispiel in komplizierten Elterngesprächen erfolgen.

> *Hier das Beispiel eines Einsatzes der Denkhüte im Führungsteam der Kindertagesstätte Ask auf Askøy:*
>
> Es gibt viele und lautstarke Diskussionen im Führungsteam unserer Kindertagesstätte. Sehr oft haben wir Themen auf die nächste Besprechung vertagen müssen, weil wir es nicht geschafft hatten, eine Diskussion auf den Punkt zu bringen und uns auf etwas zu einigen. Als Geschäftsführer habe ich manchmal einen Beschluss gefasst, um eine endgültige Entscheidung zu erzwingen. Diese Entscheidungen wurden nur widerwillig und wütend aufgenommen: „Wir waren doch noch nicht fertig mit der Diskussion!"
>
> Haben wir etwa diskutiert? Es konnte beispielsweise darum gehen, wie Dienste und Urlaubslisten gestaltet waren, wobei die Leiter mit vielen Gefühlen in Bezug auf persönliche Bedürfnisse konfrontiert wurden – sowohl privaten als auch beruflichen. Es konnte aber auch um die Verteilung von Zuständigkeiten und Aufgaben gehen: um die Beteiligung an Maßnahmen zur Nachbarschaftshilfe, um Abgabetermine, um die Frage, ob die Kinder ihr eigenes Spielzeug dabei haben sollen oder nicht, um die Zuständigkeit für gemeinsame soziale Veranstaltungen, das Freitagsmenü und so weiter.
>
> Es war für mich als Geschäftsführer häufig unvorhersehbar, wer von welchen Dingen bereits von Beginn an „gereizt" worden war. Allmählich konnte ich aber nahezu im Voraus sagen, wer wie auf was reagieren würde, und auch, wer was sagen würde. Unsere Kommunikationsmuster waren zu einem schwierigen Rundtanz geworden. Meine große Frustration bestand darin, dass es oftmals nur Gefühle waren, die da zum Ausdruck kamen. Darunter waren eigene Erlebnisse, die die Pädagogen in ihrer Kindheit oder in der Abteilung gehabt hatten, private Haltungen und Werte, die in gefühlsgeladenen Argumentationsketten hervortraten.
>
> Wir hatten Bedarf an einer Änderung, und wir benötigten eine bessere Kommunikation untereinander. Mit den sechs Denkhüten als Werkzeugen und einer Zusammenstellung von zehn unterschiedlichen Artikeln, auf deren Grundlage wir diskutieren sollten, legten wir los.
>
> Die Anforderung an die Artikel lautete, dass sie nicht vollständig von unserer Arbeit isoliert sein sollten; sie sollten für uns relevant sein, durften aber auch gern aus anderen Bereichen stammen. Wir hatten einen Artikel über Hausaufgaben in der Schule und einen anderen über Zwangsehen. Hier stellten wir uns vor, dass wir ein Elterngespräch mit den Eltern der Mädchen haben würden.

Wir setzten die Denkhüte in einem Blog-Beitrag über die Bestandsaufnahme der Kindertagesstätte ein und beschäftigten uns dabei mit einem Bericht aus der Praxis unserer eigenen Kindertagesstätte. Aus dem Bericht ging hervor, dass die Erwachsenen eher daran interessiert waren, miteinander zu sprechen, als sich auf die Kinder zu fokussieren. Wir setzten jede zweite Woche eine Stunde an und verlängerten unsere Teamleitungsbesprechungen in diesen Wochen um 30 Minuten, sodass wir einige praktische, abzuklärende Details im Hinblick auf den Betrieb in der Kindertagesstätte besprechen konnten, ehe wir mit den Denkhüten arbeiteten. Dafür war genügend Zeit vorhanden.

Einige Erfahrungen:

- Zu unterscheiden zwischen eigenen Gefühlen und Bedürfnissen und zu versuchen, sich gemeinsam Fakten anzuschauen, hat allen unseren Diskussionen einen besseren und einen gemeinsamen Ausgangspunkt verliehen.

- Wir stellten ziemlich schnell fest, dass viele unserer Diskussionen nur wenige Fakten enthielten. Wir erkannten, wie schnell es geschehen konnte, dass man eine Sache nur von einer Seite aus betrachtete und dabei vergaß, dass es mehrere Wege dafür gab, Dinge zu begreifen – es geht ja immer nur darum, welche Brille man gerade trägt.

- Allzu häufig haben wir es hingenommen, dass etwas, wenn auf die Forschung verwiesen wurde, ja „wahr" sein müsse. Wenn wir aber die jeweiligen Quellen heranzogen, erlebten wir, dass man auch Forschungsergebnisse unterschiedlich interpretieren konnte. Wir nehmen es nun nicht länger als gegeben hin, dass jemand, der mit Forschungsergebnissen auftrumpfen kann, auch unbedingt Recht hat. Somit müssen wir in weit höherem Maße die Verantwortung für die Beschlüsse übernehmen, die wir am Ende fassen. Wir bewerten Fakten und Forschungsergebnisse, wagen es aber auch, diese infrage zu stellen.

- In einer Kindertagesstätte, in der Kreativität ein zentraler Faktor ist, fehlen nur selten gute Ideen. Mit dem grünen Hut waren wir richtig gut! Aber dann hieß es, realistisch zu denken. Hatten wir eigentlich die Möglichkeit, unsere guten Ideen umzusetzen? Den schwarzen Hut gemeinsam herauszuholen, vermittelte uns allen ein sehr viel realistischeres Bild davon, welche guten Ideen auch wirklich gut waren – weil es möglich war, sie umzusetzen.

- Wir erfuhren während des Prozesses, dass diejenigen von uns, die oftmals ansonsten während der Diskussionen die Rolle der Skeptiker übernommen oder Widerstand gezeigt hatten, die Möglichkeit erhielten, kreativ und positiv zu denken. Sie wussten, dass wir uns für alle ihre „Krisengedanken" und gegenteiligen Vorstellungen Zeit nehmen würden. Als Leiter erlebte ich plötzlich, dass meine Mitarbeiter unglaublich positiv sein konnten. Unsere Besprechungen wurden viel lebendiger.

- Wir machten die Erfahrung, dass alle in weit größerem Maße dafür verantwortlich gemacht wurden, sich an Diskussionen und Beschlüssen zu beteiligen.

- Es wird so viel interessanter, bei der Kommunikation dieselbe Position einnehmen und gemeinsam verschiedene Blickwinkel erforschen zu können. Wir begegnen uns in sehr viel größerem Maße in einem Gespräch und haben Zeit zur Erforschung der verschiedenen Blickwinkel, weil wir wissen, dass nichts ausgeklammert wird. Wir werden gezwungen, auf andere Weise zu denken, als wir dies ansonsten zu tun pflegen. Wir bekommen mehr Einfälle und entdecken während des Prozesses neue Dinge.

Ich leite eine Kita

Folgendermaßen kann man vorgehen, rein praktisch, wenn eine Gruppe mit den sechs Denkhüten arbeiten soll:

Drei bis fünf Teilnehmer sind optimal. Setzen Sie sich gemeinsam um einen Flipchart oder um einen Tisch herum. Besteht die Gruppe aus mehr als acht Mitgliedern, kann es vernünftig sein, diese in zwei Gruppen aufzuteilen, die jeweils getrennt arbeiten.

Setzen Sie sich so hin, dass eine Wand zum Aufhängen von Flipchartblättern benutzt werden kann. Diese sind so aufzuhängen, dass die Teilnehmer der Gruppe sie während des gesamten Prozesses sehen können. Es werden ein Flipchart und Marker benötigt. Benutzen Sie am besten Marker in den Farben Blau, Schwarz, Gelb, Rot, Grün und in einer anderen Farbe, die entweder die Fakten oder das Denken des weißen Hutes repräsentiert.

Eine Person, normalerweise eine Führungskraft (Geschäftsführer, Pädagogischer Leiter, Stammgruppenleiter), übernimmt die Rolle des blauen Hutes. Das bedeutet, dass er oder sie dafür verantwortlich ist, dass die Zeit eingehalten, Vorschläge auf den Flipchart geschrieben, die Zusammensetzung der Sequenzen vorgeschlagen und die Gruppe durch den gesamten Prozess hindurch geführt wird. Es kann vernünftig sein, die Hutsequenz bereits im Vorfeld durchdacht zu haben, um dann die Gruppe um Zustimmung zu bitten. Denken Sie daran, dass Sie für Änderungsvorschläge offen sein müssen!

Die Einhaltung der Zeit wird wichtig sein. Ein Teilnehmer kann als Zeitnehmer fungieren und ist dafür zuständig, Bescheid zu geben, wenn die für jeden Hut angesetzte Zeit abgelaufen ist. Es ist zudem vorteilhaft, sich den gesamten zeitlichen Rahmen anzuschauen und dann eine gute Portion Zeit in einen „Zeitsack" hineinzupacken, dem man, je nach Bedarf, zusätzliche Zeit entnehmen darf.

Wer den blauen Hut hat, schreibt die Hutsequenz, auf die man sich geeinigt hat, auf den Flipchart. Dort muss auch die Aufgabe stehen. Zusätzlich wird die Zahl der Minuten aufgeschrieben, die sich im Zeitsack befinden. Der Zeitsack kann auch mit ungenutzter Zeit gefüllt werden. Hängen Sie dieses Blatt so auf, dass es für alle während des gesamten Prozesses gut sichtbar ist. Es ist auch wichtig, daran zu denken, dass der rote Hut grundsätzlich sehr viel weniger Zeit als die anderen Hüte in Anspruch nehmen wird – am besten nicht mehr als eine Minute je roter Sequenz. Die Gefühle müssen zwar heraus, aber sie sollen nur ausgedrückt, nicht erläutert werden! Sollte Bedarf an einer Ausdehnung der Zeit bestehen (und das wird garantiert geschehen, insbesondere bei Ungeübten), kann der blaue Hut vorschlagen, den zeitlichen Rahmen auszudehnen, zum Beispiel um zwei Minuten. Achten Sie darauf, dass dem Zeitsack dann auch tatsächlich nur zwei Minuten entnommen werden, um den zeitlichen Rahmen ständig unter Kontrolle zu halten. Es ist wichtig, streng auf die Zeit zu achten. Vorschläge der Art, dass „wir weitermachen, bis uns die Ideen ausgegangen sind", sind fehl am Platz, wenn mit den Denkhüten gearbeitet wird.

Der blaue Hut notiert die ganze Zeit auf dem Flipchart alles, was die Teilnehmer vorbringen, während er gleichzeitig auf Augenhöhe mit den anderen beteiligt ist. Das kann bedeuten, dass es erforderlich sein wird, den Träger des blauen Hutes im Laufe des Prozesses auszutauschen. Hängen Sie die Flipchartblätter auf, je nachdem, wie sie fertig beschrieben sind. Es ist wichtig, dass die Teilnehmer alles sehen können, was auf den Blättern steht. Eine Denkhut-Sequenz ist stets mit der einen oder anderen Schlussfolgerung abzuschließen. Manchmal wird diese Schlussfolgerung lauten, dass jemand sich später noch weiter mit der Problemstellung beschäftigen soll. Andere Male kann man zu ganz konkreten Vorschlägen kommen, die ausprobiert werden müssen.

Hut-Sequenzen

Die Hüte können auf unterschiedliche Weise zusammengesetzt werden, sowohl für kurze Sequenzen als auch für lange Sequenzen. Wir haben hier einige Beispiele für verschiedene Sequenzen zusammengesetzt. Dies ist kein Fazit dessen, wie die Hüte einzusetzen sind, sondern als Hilfestellung während einer Erprobungsphase zu verstehen. Das Wichtigste an den Denkhüten von Edward de Bono ist nicht unbedingt, wie die Sequenzen zusammengesetzt werden, obwohl dies ebenfalls wichtig ist, sondern dass alle das parallele Denken praktizieren bzw. gleichzeitig mit demselben Hut denken.

Verbesserungen

Hier könnten wir uns vorstellen, dass wir einen eingereichten Vorschlag verbessern oder einen Prozess verändern möchten, mit dem wir in der Kindertagesstätte nicht zufrieden sind:

- schwarzer Hut: Welche Schwächen und Nachteile hat der Vorschlag?
- grüner Hut: Wie können wir diese Schwächen und Nachteile vermeiden?

Auswertungen

Worin bestehen die Vorteile und worin die Nachteile an diesem Vorschlag oder dieser Art der Problemlösung?

- gelber Hut: Vorteile finden
- schwarzer Hut: Nachteile oder negative Faktoren finden

Verbesserung einer Sache, die bereits gut funktioniert

Dies ist eine Hutsequenz, die sich einsetzen lässt, um etwas zu verbessern, was bereits gut funktioniert hat.

- blauer Hut: Wir konzentrieren uns auf einen Punkt, der zwar funktioniert, den wir aber gern verbessern möchten.
- grüner Hut: Alternative Wege finden, um etwas Bestimmtes zu tun

Probleme aufgreifen

Wenn wir an einer Problemlösung arbeiten, kann es oftmals nützlich sein, eine Sache von einer anderen Seite zu betrachten, so wie hier, wo man unmittelbar zuvor nach den Gegenargumenten sucht. Dies kann bewirken, dass man sich besser darauf vorbereiten kann, Lösungen für Probleme zu finden, bevor sie auftauchen.

- roter Hut: Was sollte nach unserem Empfinden getan werden?
- schwarzer Hut: Was könnte problematisch werden und worauf sollten wir achten?

Gefühle aufgreifen

Gefühle sind ein sehr wichtiger Faktor in der gesamten Kommunikation. Ausgesprochen häufig ist Argumentation auf Gefühle und nicht auf Fakten gegründet. Dieser Sequenzvorschlag trennt Gefühle von Fakten und trägt konstruktiv dazu bei, Lösungen zu finden.

- roter Hut: Was empfinden wir dafür?
- weißer Hut: Wie sehen die Fakten in der gegenwärtigen Situation aus?
- grüner Hut: Könnte man dies auch auf andere Weise betrachten?
- blauer Hut: Womit können wir schlussfolgern?

Entscheidungen treffen

Dies ist die traditionelle Form, in der man Entscheidungen trifft, und der Unterschied von der traditionellen Form, dies zu tun, ist der Umstand, dass das Denken parallel erfolgt.

- grüner Hut: Auf welche Alternativen können wir kommen?
- blauer Hut: Welche Alternativen passen am besten zu unseren Bedürfnissen?
- roter Hut: Welche Alternativen sind uns am liebsten?

Ich leite eine Kita

Eine Wahl treffen

Dies ist die Beschreibung von Hüten, die für den Einsatz in einer Situation zusammengesetzt wurden, vor der wir oft stehen: Einen oder mehrere Vorschläge für eine Lösung machen und dann den oder die auswählen müssen, für den oder die wir einstehen.

- grüner Hut: Welche Wahl haben wir? Fallen uns Alternativen ein?
- gelber Hut: Welche Vorteile bieten die einzelnen Alternativen?
- schwarzer Hut: Was könnte an den einzelnen Alternativen falsch oder nachteilig sein?
- roter Hut: Welche Wahl ist unserem Gefühl nach die richtige?
- blauer Hut: Wir entschließen uns für eine Alternative.

Kreativer Ansatz, um auf neue Ideen zu kommen

Diese Sequenz ist für Fortgeschrittene bestimmt – hier sind acht Hüte im Einsatz, wodurch wir gezwungen sind, besonders genau auf den Zeitverbrauch zu achten. Diese Sequenz lässt sich für Problemstellungen einsetzen, die kreatives Denken erfordern, zum Beispiel die Verbesserung der Vorbereitungen der Kindertagesstätte auf das Spielen und Lernen.

- blauer Hut: Verdeutlicht, welche Verbesserung wir gern hätten
- weißer Hut: Was sind die Fakten in der gegenwärtigen Situation?
- grüner Hut: Tragen Sie neue Ideen vor!
- gelber Hut: Welche Vorteile besitzen die neuen Ideen?
- schwarzer Hut: Welche Nachteile und Schwächen könnten die neuen Ideen aufweisen?
- grüner Hut: Kommen Sie mit neuen Ideen, die eventuelle Schwächen und Mängel beseitigen, die sich beim Einsatz des schwarzen Hutes ergeben haben!
- roter Hut: Was fühlen wir dafür?
- blauer Hut: Zusammenfassung: Was ist bei der Sitzung herausgekommen?

Wie zieht man aus den Denkhüten den größtmöglichen Nutzen?

1 Halten Sie sich niemals zu lange bei den Gefühlen auf. Setzen Sie maximal eine Minute für den roten Hut an – insgesamt! Die Gefühle müssen zum Ausdruck kommen, aber wir dürfen nicht daran hängen bleiben oder erklären, weshalb wir diese Gefühle haben, sondern wir sollen sie nur zum Ausdruck bringen.

2 Planen Sie von Beginn an drei bis acht Minuten unter jedem der anderen Hüte ein.

3 Setzen Sie am besten gut zehn Minuten für den weißen Hut an.

4 Überwachen Sie ständig die Zeit, setzen Sie einen gesonderten Zeitnehmer ein.

5 Setzen Sie den Zeitsack aktiv ein. Besteht Bedarf an zusätzlicher Zeit, so muss der Gruppenleiter bzw. der, der den blauen Hut hat, die Gruppe fragen, ob sie zum Beispiel zwei weitere Minuten hinzufügen möchte.

6 Alle können den blauen Hut aufsetzen. Es obliegt der Verantwortung aller Beteiligten, dass der Prozess nicht „ins Rutschen gerät". Auch wenn Sie den blauen Hut nicht von Beginn an haben, können Sie jederzeit sagen: „Jetzt übernehme ich den blauen Hut" und Ihre Meinung zu dem Prozess äußern. Es kann zum Beispiel vorkommen, dass die Teilnehmer die Hüte mischen, dass die Teilnehmer aneinander vorbeireden oder die Zeit nicht beachtet wird.

7 Denken Sie daran, Zeit für den blauen Hut anzusetzen – sowohl am Anfang als auch am Ende. Denken Sie auch daran, dass es manchmal relevant werden wird, über einige Ideen abzustimmen, zum Beispiel unter dem grünen Hut. Abstimmungen sind ebenfalls zeitaufwendig.

Einsatz von Denkhüten gemeinsam mit Kindern

In unserer Vorschulgruppe sind neun Kinder. In der Vorschulgruppe arbeiten wir an der Verbesserung der Basiskompetenzen der Kinder und richten unter anderem den Fokus darauf, dass man wartet, bis man an die Reihe kommt, dass man nebeneinander sitzt, ohne sich gegenseitig zu schubsen, dass man angemessen und leise spricht, miteinander teilt und höflich und nett zueinander sein soll. Bei dem Thema „Nett zueinander sein" mussten wir über Freundschaft sprechen. Unsere Partnerschule ist die Schule in Hanøy. In dieser Schule werden Denkhüte als Werkzeuge eingesetzt. Durch den Einsatz von Denkhüten in der Kindertagesstätte geben wir den Kindern die Möglichkeit, sich mit diesem Werkzeug vertraut zu machen, das ihnen auch in der Schule begegnen wird. Wir setzten den gelben und den roten Hut ein. Den Kindern wurde erzählt, woran sie denken sollten, als die verschiedenen Hüte auf dem Tisch lagen.

Wir setzten zuerst den roten Hut ein. Die Frage lautete: „Was fühlst du, wenn du mit Freunden spielst?" Die Kinder zeigten sofort auf und waren engagiert bei der Sache. Sie sagten, sie fühlten sich geborgen und glücklich, wenn sie mit Freunden zusammen seien. Sie würden sich wohlfühlen und viel lachen.

Dann setzten wir den gelben Hut auf, und die Frage lautete: „Was ist das Beste daran, einen Freund zu haben?" Die Kinder fanden, es mache Spaß, miteinander zu spielen und sich gegenseitig zu besuchen. Sie mochten es, miteinander zu quatschen und Blödsinn zu machen und Freunde zu trösten, die traurig seien.

Wir arbeiteten auch in der nächsten Vorschulgruppe mit den Denkhüten. Die Kinder wussten sofort, woran wir denken sollten, wenn der rote Hut auf dem Tisch lag und woran wir denken sollten, wenn der gelbe Hut vor uns lag. Dieses Mal lauteten die Themen „Deine Familie und dein Wohnort", „Was ist das Beste an dem Ort, wo du wohnst?" und „Was fühlst du, wenn du mit deiner Familie zusammen bist?". Die Kinder mochten es, mit Freunden zusammen zu sein und Freunde als Nachbarn zu haben. Sie mochten es, durch die Gegend zu radeln und auf Bäume zu klettern. Wenn die Kinder mit ihren Familien zusammen waren, fühlten sie sich gut aufgehoben und glücklich, und sie mochten es auch, von anderen Familienmitgliedern Besuch zu bekommen. Die Kinder waren engagiert und schafften es, sich auf das Thema und den jeweiligen Denkhut zu fokussieren. Sie durften alle Denkhüte sehen und waren gespannt darauf, woran wir denken sollten, wenn die anderen Hüte auf dem Tisch lagen. Die Kinder durften mehrere Denkhüte ausprobieren. Wir finden, dass dies ein gutes Werkzeug ist, um zu üben, die Gedanken zu sortieren und sich auf eine einzige Sache zu konzentrieren.

Bericht aus der Praxis der Kindertagesstätte Ramsøy auf Askøy, wo die Hüte in der Vorschulgruppe eingesetzt wurden.

8 Wenn man die Denkhüte gemeinsam mit Kindern einsetzen möchte, oder wenn man es nicht gewohnt ist, das Werkzeug einzusetzen, ist es geschickt, mit nur wenigen Hüten zu beginnen. Gelber und schwarzer Hut sind empfehlenswert. Diese bilden zwei deutliche Gegenpole, wodurch aber leicht verständlich wird, worum es jeweils geht.

9 Versuchen Sie es immer wieder! Übung macht den Meister – auch im Zusammenhang mit den Denkhüten!

Ich leite eine Kita

Offene und geschlossene Fragen

Themen: ➩ Analyse, Bewertung, Reflexion und Auswertung ➩ Qualitätsentwicklung ➩ Problemlösung

Was sind offene und geschlossene Fragen?

Offene und geschlossene Fragen dienen als Strategie zur Entwicklung der Fähigkeit, den Unterschied zwischen simplen Fragen nach Fakten und komplexeren Fragen zu erkennen, die Nachdenken erfordern. Geschlossene Fragen sind in der Regel Fragen, auf die mit Ja oder Nein geantwortet wird bzw. auf die Antworten gegeben werden, die aus wenigen Worten bestehen. Offene Fragen zielen ab auf durchdachte Antworten mit vielen Worten.

Offene und geschlossene Fragen	
Thema:	
Geschlossene Fragen	**Offene Fragen**

Welchen Vorteil haben offene und geschlossene Fragen?

Dieses Werkzeug lässt sich äußerst simpel in Gebrauch nehmen, und man benötigt nur sehr wenig Material. Offene und geschlossene Fragen können von einer Person oder von einer kleinen Gruppe eingesetzt werden. Nachdem eine Weile individuell oder in der Gruppe an einer Aufgabe gearbeitet wurde, können die Ergebnisse von offenen und geschlossenen Fragen geteilt werden. Mithilfe von Erwachsenen können zum Beispiel Kinder in der Vorschulgruppe Freude am Einsatz dieser Strategie haben.

Wann können offene und geschlossene Fragen eingesetzt werden?

Offene und geschlossene Fragen lassen sich einsetzen, um die Fähigkeit zu entwickeln, bessere und tiefer gehende Fragen an eine Sache, ein Problem oder eine Herausforderung zu stellen. Da es viele geschlossene und nur wenige offene Fragen gibt, wird deutlich, dass Bedarf an weit mehr Wissen als darüber besteht, woran man arbeiten muss. Zusätzlich wird klar, was benötigt wird, um sich mehr Wissen darüber anzueignen.

Wie werden offene und geschlossene Fragen formuliert?

Setzen Sie zum Beispiel ein DIN-A4-Blatt, einen Flipchart, ein Smartboard oder ähnliches ein, und schreiben Sie das Thema, die Frage oder die Aufgabe auf, woran gearbeitet werden soll.

Methoden, Werkzeuge und Vorlagen

Methoden, Werkzeuge und Vorlagen

Motorik	
Geschlossene Fragen	**Offene Fragen**
• Wie können wir in der Kita eine motorische Wettkampfbahn anfertigen? • Was ist der Unterschied zwischen Fein- und Grobmotorik? • Was ist Sensomotorik? • Weshalb ist Krabbeln so wichtig? • Haben Mädchen eine bessere Motorik als Jungen? • Gibt es alterstypische Charakteristika bei Kita-Kindern in Bezug auf die motorische Entwicklung?	• Was ist Mittellinienorientierung, und weshalb ist sie so wichtig? • Wann besteht Grund zur Sorge über die ausbleibende Entwicklung der Grob- oder Feinmotorik? • Wie können wir Konzepte dafür entwickeln, die gewährleisten, dass Sinne und Motorik aller Kinder stimuliert werden? • Welche Meilensteine gibt es in der motorischen Entwicklung des Kindes, und welche Abweichungen sind normal? • Wie können wir es arrangieren, dass Jungen häufiger an feinmotorischen Aktivitäten teilnehmen?

In dem Beispiel haben die Angestellten mit Fragen bezüglich der Motorik gearbeitet.

Der Fuchs	
Geschlossene Fragen	**Offene Fragen**
• Was frisst der Fuchs? • Wo schläft der Fuchs? • Ähneln Füchse Menschen? • Wer sind die Feinde des Fuchses? • Legt der Fuchs Eier, oder gebärt der Fuchs lebende Junge?	• Ist es schlimm, Mäuse zu essen, wenn der Fuchs dies auch tut? • Sind Mama und Papa eines Fuchskindes die ganze Zeit mit ihrem Kind zusammen? • Müssen Füchse jeden Tag eine Mahlzeit zu sich nehmen? • Können Füchse so zahm werden wie Hunde? • Wenn Füchse zahm werden können - wie können wir das hinbekommen? • Schlafen Füchse im Winter so wie Bären?

So können offene und geschlossene Fragen aussehen, wenn eine Vorschulgruppe Fragen zum Fuchs entwickelt hat.

Ich leite eine Kita

Der Parkplatz

Themen: ➪ Analyse, Bewertung, Reflexion und Auswertung ➪ Problemlösung
➪ Werkzeuge für Kinder, die gemeinsam mit Erwachsenen eingesetzt werden
➪ Elternzusammenarbeit ➪ Kompetenzentwicklung

Was ist der Parkplatz?

Der Parkplatz ist eine einfache Methode, um schriftliche Rückmeldungen und Reaktionen von „den Betroffenen" zu erhalten.

Welchen Vorteil bietet der Parkplatz?

Sofern der Parkplatz einen natürlichen und festen Platz im Personalraum oder in der Garderobe erhalten hat, kann er Bestandteil eines „So machen wir es bei uns"-Gedankenprozesses im Hinblick auf das Erfordernis von Rückmeldungen werden. Durch seinen Aufbau unterstreicht der Parkplatz, dass es in Ordnung ist, Fragen zu stellen und Sorgen und Wünsche vorzutragen. Diese Präzisierung wird dieses Werkzeug für einige eher geeignet erscheinen lassen als beispielsweise Plus-Delta. Aber ansonsten sind diese beiden Werkzeuge einander ziemlich gleich.

Wann kann der Parkplatz eingesetzt werden?

Dieses Werkzeug kann eingesetzt werden, um einen Eindruck davon zu bekommen, wie die Teilnehmer eine Besprechung, einen Ausflug oder ähnliches aufgefasst haben.

Wie wird der Parkplatz angefertigt?

1 Die Vorlage wird in einem großen Format angefertigt, beispielsweise in Form eines Flipchartblattes. Der Parkplatz wird in der Garderobe oder im Personalraum aufgehängt. Post-it-Zettel und Kugelschreiber müssen leicht zugänglich sein.

2 Zu Beginn ist es klug, Angestellte und Eltern dazu aufzufordern, den Parkplatz einzusetzen, und es ist häufig erforderlich, sie daran zu erinnern, dass ihnen dieser Kanal zur Verfügung steht, um Rückmeldungen zu geben. Es nimmt mitunter sehr viel Zeit in Anspruch und erfordert viel Geduld, ehe etwas zur Gewohnheit wird.

3 Wenn Sie sehen, dass Eltern oder Angestellte den Parkplatz benutzen, ist es äußerst wichtig, dass alles, was diese schreiben, sehr rasch erfasst wird. Wünschen diese eine Wiederholung oder eine neue Erklärung, lassen Sie sie Ihnen zukommen, so schnell Sie können.

Methoden, Werkzeuge und Vorlagen

Wie zieht man aus dem Parkplatz den größtmöglichen Nutzen?

Beschichten Sie das Parkplatzblatt am besten so, dass es länger hält, und suchen Sie einen festen Platz, an dem es aufgehängt werden kann.

Denken Sie daran, sowohl den Angestellten als auch den Eltern zu danken, wenn diese den Parkplatz benutzt haben. Erzählen Sie ihnen, dass Rückmeldungen nützlich und hilfreich sind! Die Kinder der Kindertagesstätte können den Parkplatz ebenfalls benutzen. Sie können, mithilfe der Erwachsenen, wichtige Beiträge leisten, auf Änderungen hinwirken und mit Vorschlägen kommen.

Ich leite eine Kita

Plus-Delta

Themen: ⇨ Analyse, Bewertung, Reflexion und Auswertung ⇨ Kompetenzentwicklung
⇨ Werkzeuge für Kinder, die gemeinsam mit Erwachsenen eingesetzt werden
⇨ Elternzusammenarbeit ⇨ Problemlösung

Was ist Plus-Delta?

Plus-Delta ist einer der einfachsten Auswertungsbögen, die man sich vorstellen kann! Hier geht es sowohl darum, Gutes wie auch eventuelle Verbesserungsbereiche hervorzuheben. Weshalb es „Plus-Delta" heißt, können wir nicht mit absoluter Sicherheit sagen. Der Plus-Teil sollte unkompliziert sein. Delta ist der vierte Buchstabe des griechischen Alphabetes. Mathematisch heißt es vom Delta-Zeichen, dass es Einfluss ausübe, um eine Veränderung zu erreichen. Nach unserer Auffassung passt es daher gut! Wir haben die Bezeichnung nicht übersetzt, nachdem wir seinen Einsatz das erste Mal in Schulen und Kindertagesstätten in Kalifornien, USA, erlebt hatten.

GEBEN SIE UNS BITTE RÜCKMELDUNGEN!	
+ PLUS (Was ist gut?)	Δ DELTA (Was könnte anders gemacht werden?)

Welchen Vorteil bietet Plus-Delta?

Durch den Einsatz von Plus-Delta entfällt die Einstufung von Leistungen, so wie es in vielen Auswertungsbögen üblich ist. Der Plus-Teil wird eingesetzt, um zu erzählen, was Ihrer Ansicht nach gut ist, und der Delta-Teil wird eingesetzt, um auszudrücken, was Ihrer Meinung nach anders gemacht werden könnte. Wir meinen, dass Plus-Delta, über seine Einfachheit hinaus, einen deutlichen Vorteil durch die Gewichtung des Delta bietet. Delta ist nämlich nicht dasselbe wie Minus! Man ist nicht darauf aus, etwaige Fehler zu finden, sondern die Bereiche, die sich verbessern oder sich anders gestalten lassen. Plus-Delta kann sowohl anonym als auch namentlich eingesetzt werden.

Wann kann Plus-Delta eingesetzt werden?

Plus-Delta kann in allen Zusammenhängen Verwendung finden, in denen Sie eine Rückmeldung wünschen. Dies können Standpunkte darüber sein, was nach Meinung der Angestellten gut war und was an einer Besprechung, einem Mitarbeitergespräch oder einem Planungstag verbessert/geändert werden könnte. Plus-Delta kann auch nach einem Elterngespräch oder einer Elternversammlung eingesetzt werden. Und es kann zur Auswertung eines Konzeptes eingesetzt werden.

Methoden, Werkzeuge und Vorlagen

Plus-Delta Ostern 2015	
+ PLUS	**Δ DELTA**
<ul><li>Einfache Befolgung des Prozessablaufplans – rechtzeitig die Ostervorbereitungen einleiten</li><li>Gut, dass der Entwurf für den Osterhasen bereits fertig war</li><li>Gut, die Osterkarten bereit/fertig zu haben</li><li>Unglaublich viel Spaß mit dem Osterhasen</li><li>Super, der fertige Entwurf, der im Qualitätshandbuch liegt</li><li>Gemeinsam quer durch die Abteilungen in der Osterwoche – positiv</li><li>Die Kinder bekamen ein Ostermittagessen, nachdem das Osterfrühstück abgesagt worden war</li><li>Positiv, die Osterbotschaft</li><li>Wunderbar, dass mehrere Abteilungen die Osterbotschaft in Angriff genommen haben</li><li>Wirklich prima, das gemeinsame Ostermittagessen mit den Kindern</li><li>Hatten guten Überblick über die Ostervorbereitungen – konnten sie in den Wochen- und Monatsplan integrieren</li><li>Die Erwachsenen waren engagiert und wickelten das von uns geplante Osterprogramm ab</li><li>Umgesetzte Pläne</li></ul>	<ul><li>Fehlende Liste über praktische Aufgaben von den Abteilungen (mit Ausnahme von Bustus)</li><li>Alle müssen dieselben Süßigkeiten bekommen</li><li>Besser werden bei der Einhaltung des Zeitplans</li><li>Ein Erwachsener muss dem Osterhasen beim Ankleiden helfen</li><li>Mehr bereits im Vorfeld fertig machen</li><li>Osterfrühstück besser im Vorfeld planen und vorbereiten</li><li>Die Abteilungen hätten besser planen müssen, was rein praktisch hätte erledigt werden müssen</li><li>An alles denken, was erledigt werden muss (in Urlaubsordner eintragen)</li><li>Stets auf dem aktuellen Stand sein und nichts aufschieben oder unterlassen, was erledigt werden muss</li></ul>

In dem Beispiel sind Standpunkte von der Teamleitungsbesprechung in Bezug darauf zusammengefasst worden, was bei den Ostervorbereitungen gut funktioniert hat und was bis zum nächsten Jahr geändert werden könnte.

Wie wird Plus-Delta durchgeführt?

Plus-Delta kann von Einzelpersonen manuell ausgefüllt werden. Dafür braucht man einen oder mehrere liegende DIN-A4-Blätter, je nachdem, wie umfangreich die Rückmeldungen sind, die gegeben werden. Die Vorlage wird dann der Person ausgehändigt, die um Rückmeldungen gebeten hat. Hatten Sie eine Besprechung mit einer oder mit zwei Personen, ist es sehr gut, ein mündliches Plus-Delta zu haben, um zu fragen, was gut gewesen ist und zu notieren, was die Teilnehmer sagen, um dasselbe dann mit Delta zu machen. Bedanken Sie sich für die Rückmeldungen? Sind es Änderungsvorschläge, an die Sie noch denken müssen? Nehmen Sie zu diesen Fragen Stellung und erklären Sie, dass Sie bald mit ihren eigenen Gedanken darauf zurückkommen werden.

Plus-Delta kann auch in einer Gruppe eingesetzt werden. Dabei werden Flipchart und Marker eingesetzt. Wer etwas zu sagen hat, ergreift das Wort.

Ich leite eine Kita

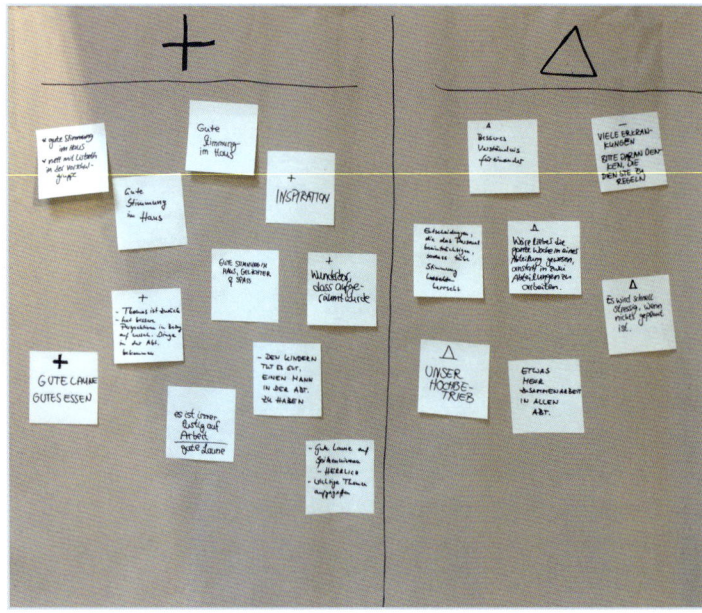

Am besten werden die Rückmeldungen von der Person notiert, die jeweils darum bittet. Beginnen Sie stets mit Plus.

Handelt es sich um eine ungewöhnlich stille oder verunsicherte Gruppe, kann es vernünftig sein, das Wort von Person zu Person weiterzureichen. Sind einige Plus-Punkte zum Vorschein getreten, fragen Sie jemanden, ob etwas hätte anders sein können – also Delta. Es ist oft sehr wenig, was unter diesem Punkt herauskommt. Es ist Übungssache, zu denken, dass etwas hätte anders sein können, also konstruktiv an etwas zu denken, von dem jemand meint, dass es schlecht oder ärgerlich gewesen sei.

Es geschieht häufig, dass jemand auf mehrere Plus-Punkte kommt, während andere zu Delta übergegangen sind, aber das macht nichts, schreiben Sie alles auf. Nicht zögern und zu lange warten. Hier muss eine rasche Rückmeldung erfolgen. Post-it-Zettel können ebenfalls eingesetzt werden. Sie finden Verwendung, wenn viele Personen Rückmeldungen geben sollen, zum Beispiel nach einer Elternversammlung. Hängen Sie ein Flipchartblatt an die Tür. Teilen Sie das Blatt mit einem dicken Strich in zwei Teile, und schreiben Sie „Plus" und „Delta".

Alternativ können auch zwei Post-it-Zettel auf jeden Stuhl gelegt werden. Erklären Sie, dass Sie gern Rückmeldungen hätten und dass man frei entscheiden dürfe, wie man die Zettel benutzen möchte. Weisen Sie nochmals darauf hin, dass Sie gern Rückmeldungen hätten, sodass viele gelbe Zettel am Flipchart hängen, wenn die Besprechung beendet ist. Unglaublich viele haben Minuszeichen auf die Delta-Zettel geschrieben. Dies ist am Anfang üblich. Die meisten von uns sind wahrscheinlich eher daran gewöhnt, zu denken, dass etwas negativ ist und nicht, was man hätte anders machen können.

Wie zieht man aus Plus-Delta den größtmöglichen Nutzen?

Setzen Sie Plus-Delta oft ein. Verinnerlichen Sie es wie eine Art Rückenmarksreflex. Eine Besprechung sollte nicht beendet werden, ehe man nicht ein Plus-Delta durchgeführt hat. Denken Sie daran, dass es stets vernünftig ist, sich dafür zu bedanken, dass Sie Rückmeldungen erhalten haben, da diese Ihnen helfen werden, Ihre Arbeit zu verbessern. Denn am allerwichtigsten an Plus-Delta ist: Man versucht nicht, Fehler, sondern konkrete Verbesserungspunkte herauszufinden.

Wenn Sie Plus-Delta einsetzen, werden Sie die beste Wirkung dadurch erzielen, dass Sie vorher genau überlegt haben, wie Sie die Rückmeldungen „veröffentlichen" und die Änderungsmaßnahmen kommunizieren werden. Wenn Sie die Rückmeldungen bewerten, werden Sie vermutlich erkennen, dass einige einerseits gleich sind, andererseits aber sowohl auf der Plus- als auch auf der Delta-Seite stehen. Beispielsweise ist es durchaus üblich, dass einer meint, die Pausen seien angemessen, während ein anderer meint, es seien zu wenige. Sie müssen selbst entscheiden, was Sie berücksichtigen möchten, dies dann über die Monatsschreiben oder andere Kanäle kommunizieren und anschließend die Änderungen in die Praxis umsetzen!

Methoden, Werkzeuge und Vorlagen

Plus-Delta auf Personalbesprechung am 27.10.2014 von 18–21 Uhr	
+ PLUS	**Δ DELTA**
Wunderbare Vorstellung von Hänsel und Gretel Prima, die Projekte anderer zu sehen Gut, dass noch Zeit dafür war, nach Hause zu gehen, bevor die Besprechung begann Schön zu sehen, wie die anderen arbeiten Gut, vor der Besprechung noch zu den Kindern nach Hause gehen zu können Wirklich prima, von den Projekten anderer zu hören – tüchtig und inspirierend! Gut und inspirierend von allen durchgeführt Inspirierend, einen Einblick in alle seine Projekte zu bekommen Gut, dass der Spätdienst noch Zeit hatte, noch vor der Besprechung nach Hause zu gehen und zu essen Gutes Musikvideo Unglaublich gut, die recht verschiedenen Darbietungen Gute Ideen durch Projekte anderer bekommen Wunderbares Projekt Wunderbar, die positiven Rückmeldungen Interessant zu hören, womit sich die anderen Abteilungen beschäftigen Guter und abwechslungsreicher Inhalt Wunderbare Vorstellung von Hänsel und Gretel Prima, etwas von anderen Projekten zu hören Lebendige Kursdurchführung Prima, etwas über den Småtroll-Kurs zu hören/Tipps dazu zu bekommen Gut brauchbare, neue Projektmanagement-Broschüre Gute Vorstellung seitens der Abteilung ++ Bin ein Fan davon. Vermittlung Hänsel und Gretel ++ Gut zusammengestelltes Programm Wunderbar zu sehen, dass wir die Pläne vom April befolgen Wunderbar zu sehen, wie die Abteilungen an ihren Projekten arbeiten Prima, die Projekte der Abteilung sehen zu können Wunderbare Präsentationen von allen Spitze – das Spielen draußen Ausreichende Pausen Deutlicher und übersichtlicher roter Faden in Bezug darauf, womit wir uns jetzt beschäftigen und warum Bravo – gut, etwas draußen zu machen	Langer Tag – langer Abend Hätte die Besprechung nicht nach der Arbeitszeit sein können? Beginnen 16.30 Uhr Früher beginnen, um 16.30 oder 17.00 Uhr Hätte auch gut zwischen 16.30 und 19.30 Uhr beginnen können Hätte direkt nach der Arbeit beginnen können **Kommentar der Geschäftsführung:** Würden wir unmittelbar beginnen, nachdem die Spätschicht fertig ist, wären die abendlichen Besprechungen von drei Stunden nicht besonders effizient. Die Angestellten müssen Gelegenheit bekommen, bereits vor der Besprechung etwas essen zu können. Es gibt zu viele, die bei den dreistündigen Abendbesprechungen nur herumsitzen und müde wirken, wenn wir zwischendurch keine Pause machen.

Hier hat die Geschäftsführerin alle Rückmeldungen in ein Plus-Delta eingetragen und dann das kommentiert, von dem sie meint, dass es wichtig sei, es sich später anzuschauen. Danach wird das „gesamte" Plus-Delta an alle Angestellten ausgehändigt.

Ich leite eine Kita

PMI

Themen: ⇨ Analyse, Bewertung, Reflexion und Auswertung ⇨ Kompetenzentwicklung
⇨ Problemlösung

Was ist PMI?

PMI ist ein einfaches Verfahren zum Einüben der Fähigkeit, sich nur eine einzige Sache anzuschauen und verschiedene Aspekte einer Idee, eines Vorschlags oder einer Information bewerten zu können. Edvard De Bono ist der Urheber dieses Werkzeugs.

- **P steht für Plus:** der positive Aspekt einer Idee – weshalb sie Ihnen gefällt.
- **M steht für Minus:** der negative Aspekt einer Idee – weshalb sie Ihnen nicht gefällt.
- **I steht für Interessant:** der interessante Aspekt einer Idee – weder gut noch schlecht, aber Sie möchten gern mehr darüber erfahren, ehe Sie dazu Stellung nehmen.

P	M	I

Welchen Vorteil bietet PMI?

PMI ist einfach in Gebrauch zu nehmen und sehr wirkungsvoll, wenn es darum geht, mehrere Aspekte einer Sache sehen zu können, bevor man eine Entscheidung trifft. Oftmals kann eine Idee schlecht wirken; untersucht man sie aber näher und wird dazu „gezwungen", sie mit positiven Augen zu sehen, kann es sich ergeben, dass sie trotzdem nicht ganz so dumm war. Durch den Einsatz von PMI verringert sich die Gefahr, falsche Entscheidungen zu treffen, weil man sich erst dann festlegt, nachdem man die Idee dahingehend untersucht hat, was daran gut oder was schlecht ist und worüber man mehr erfahren sollte.

Wann kann PMI eingesetzt werden?

PMI kann beim Personal eingesetzt werden, bevor Entscheidungen zu treffen sind, und kann dazu beitragen, den Angestellten bei der Reflexion, der Fokussierung auf eine einzige Sache zu helfen und das Verständnis für die Komplexität einer Sache zu erhöhen. PMI ist ein gutes Werkzeug, um das Positive an einer Sache, die man nicht mag, zu erkennen – und umgekehrt. Es wird auch leichter, zu erkennen, dass man mehr Informationen benötigt und dass man diese aus anderen Quellen beziehen muss, um gute Entscheidungen treffen zu können.

Wie wird PMI durchgeführt?

1 PMI kann auf einen Flipchart, eine Tafel oder ein Whiteboard gezeichnet werden. PMI lässt sich auch auf ein DIN-A4- oder DIN-A3-Blatt kopieren.

Methoden, Werkzeuge und Vorlagen

Die meisten Spielsachen der Kindertagesstätte sollten aus „wertlosem" Material bestehen.		
P (Plus)	**M (Minus)**	**I (Interessant)**
Spart sehr viel Geld.	Die Eltern werden sich Sorgen machen.	Welche gekauften Spielsachen müssen wir haben?
Etwas anderes als alle Spielsachen, die die Kinder zu Hause haben.	Wir werden weniger Bewerber haben.	Stimmt es, dass Kinder kreativer werden, oder glauben wir das nur?
Die Erwachsenen müssen ganz anders denken und arbeiten.	Wir werden uns den Ruf einer armen Kindertagesstätte erwerben.	Schaffen wir es, den Eltern zu erklären, weshalb wir wertloses Material haben?
Die Jungen möchten anders spielen, eher so wie wir, als wir klein waren!	Wir könnten riskieren, dass wir viele Spielsachen bekommen, die wir von besorgten Eltern nicht haben möchten.	Es wird interessant zu sehen, ob alle Angestellten den Vorschlag unterstützen werden.
Die Jungen möchten kreativer sein.	Vielleicht schreibt die Lokalzeitung ja schlecht über uns!	Werden die Kinder dadurch umweltbewusster?
Es ist nicht so schlimm, wenn die Spielsachen kaputtgehen.		

Das PMI-Beispiel hier stammt von einer Kindertagesstätte, die überlegt, viele der Spielsachen der Kindertagesstätte gegen „wertloses" Material einzutauschen.

2 PMI lässt sich in einer Gruppe oder individuell durchführen. Beginnen Sie stets mit Plus, dann folgen Minus und zuletzt Interessant.

3 Wird PMI individuell eingesetzt, wird es manchmal logisch erscheinen, auf Grundlage dessen, was die einzelnen Teilnehmer erarbeitet haben, ein gemeinsames PMI durchzuführen. Erfolgt PMI in Gruppen, kann dies auch zum Schluss geschehen, um zu einer gemeinsamen Ansicht zu gelangen. Es ist auch absolut möglich, ein PMI mit dem gesamten Personal durchzuführen. Dabei kann es vernünftig sein, jeweils zwei Beteiligte einige Minuten lang „sich besinnen" zu lassen, ehe die Person, die den Prozess steuert, die Teilnehmer zu ihrer Meinung befragt. So haben Sie die Wahl, ob Sie das Wort von Gruppe zu Gruppe herumgehen lassen oder denjenigen das Wort erteilen, die die Hand heben. Hat jemand Antworten auf Fragen, die sich unter Interessant ergeben, ist dies wunderbar. Besteht Bedarf an weiteren Untersuchungen, können diese auf alle Anwesenden verteilt werden.

4 Treffen Sie die erforderlichen Entscheidungen und schlussfolgern Sie, ob dies möglich ist. Sollte dies nicht möglich sein, greifen Sie PMI bei Ihrer nächsten Besprechung auf, wenn Sie mehr Informationen haben.

Wie zieht man aus PMI den größtmöglichen Nutzen?

Was sich durch PMI ergibt, wird sich in einigen Fällen zur Abstimmung eignen (S. 130).

Ich leite eine Kita

Venn-Diagramm

Themen: ➡ Analyse, Bewertung, Reflexion und Auswertung ➡ Elternzusammenarbeit
➡ Werkzeuge für Kinder, die gemeinsam mit Erwachsenen eingesetzt werden

Was ist ein Venn-Diagramm?

Das Venn-Diagramm ist ein Werkzeug, das eingesetzt wird, um Gemeinsamkeiten und Unterschiede zwischen zwei oder mehr Dingen festzustellen – beispielsweise zwischen Ländern, Tieren, Krankheiten, Ereignissen, Geschichten, Personen und so weiter. Das Venn-Diagramm hat seinen Namen dem Urheber John Venn zu verdanken.

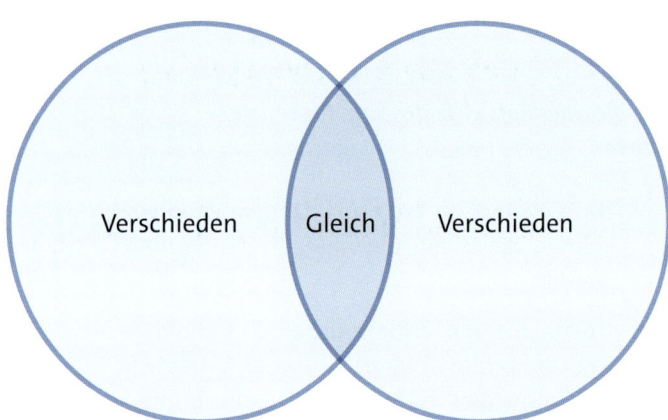

Venn-Diagramm

Wann kann das Venn-Diagramm eingesetzt werden?

In der Personalgruppe kann das Venn-Diagramm eingesetzt werden, um verschiedene Ideen bewerten oder um Gemeinsamkeiten und Unterschiede in der Zusammenarbeit oder Praxis zwischen Abteilungen oder Stammgruppen erkennen zu können. Worin bestehen die Unterschiede und worin bestehen die Gemeinsamkeiten zwischen dem Essen in Betrieb 1 und Betrieb 2? Wie wird der Tag in Bjørnehiet und Ekornreiret jeweils beendet? Was ist gleich, und was ist ungleich? Wie werden Elterngespräche durchgeführt? Das Venn-Diagramm kann auf diese Weise als Bewertung und Erörterung der Praxis fungieren, um jeweils herauszufinden, was für Kinder und Eltern am besten ist.

Das Venn-Diagramm lässt sich sehr gut zu Beginn des Kindertagesstättenjahres anwenden. Auf der ersten Elternversammlung sind viele Anwesende, die bereits einander kennen und die Erfahrungen in puncto Anwendung des Venn-Diagramms verbinden. Dieses wird entweder von zwei oder von drei Personen ausprobiert, um zusammen Gemeinsamkeiten und Unterschiede herauszufinden. Eine Gemeinsamkeit ist, dass alle Kinder in der Kindertagesstätte haben!

Wie wird das Venn-Diagramm angefertigt?

1. Fertigen Sie zwei oder drei gleich große Kreise an, die ineinander übergehen. Machen Sie sie so groß wie möglich, damit ausreichend Platz vorhanden ist, um etwas hineinschreiben zu können. Fertigen Sie am besten viele Kopien an, und sorgen Sie dafür, dass diese in der Kindertagesstätte leicht zugänglich sind.

2. Notieren Sie zuerst die Gemeinsamkeiten und dann die Unterschiede.

Wie zieht man aus dem Venn-Diagramm den größtmöglichen Nutzen?

Erwachsene und Kinder können auch gern gemeinsam an einem Venn-Diagramm zusammenarbeiten. Innerhalb von fünf bis zehn Minuten werden die ersten Ergebnisse da sein – selbstverständlich zum Teil abhängig von den Aufgaben.

Methoden, Werkzeuge und Vorlagen

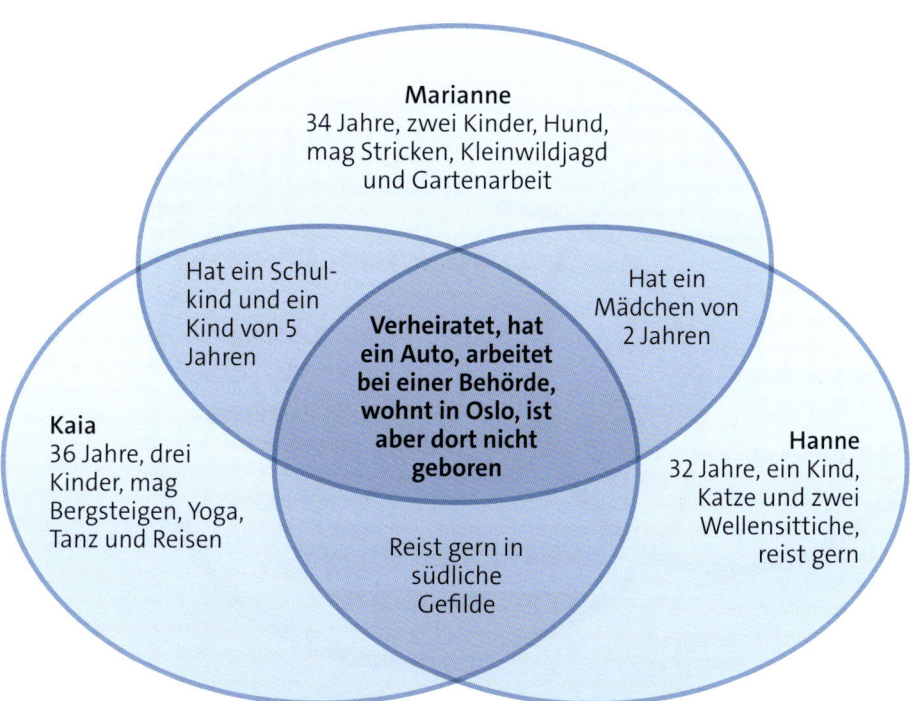

Das Beispiel zeigt ein dreigliedriges Venn-Diagramm, mit dessen Hilfe drei Eltern herausfinden, was sie gemeinsam haben und was sie voneinander unterscheidet.

Abteilung Ull

- Feste Plätze um den Tisch herum
- Die Erwachsenen haben einen festen Tisch, an dem sie sitzen
- Die Erwachsenen essen auch etwas, sie essen Knäckebrot oder ähnliches gemeinsam mit den Kindern
- Gemütliche Atmosphäre
- Alle Kinder räumen ab, nachdem sie fertig gegessen haben

(Gemeinsam)

- Kinder, die für den Tischdienst verantwortlich sind
- Gemeinsames Frühstück
- Einige Kinder sind extrem spät fertig
- Alle müssen auch dann noch eine Weile sitzen bleiben, wenn sie mit dem Essen fertig sind
- Alle müssen sich für das Essen bedanken, bevor sie den Tisch verlassen

Abteilung Silke

- Können frei wählen, wo sie sitzen möchten
- Die Erwachsenen nehmen dort Platz, wo Bedarf besteht
- Die Erwachsenen essen nicht mit den Kindern zusammen
- Hoher Lärmpegel
- Kinder, die Tischdienst haben, räumen gemeinsam mit einem Erwachsenen die Tische ab und stellen die Lebensmittel an Ort und Stelle

In diesem Beispiel ist es das Essen, das bewertet wird.

Ich leite eine Kita

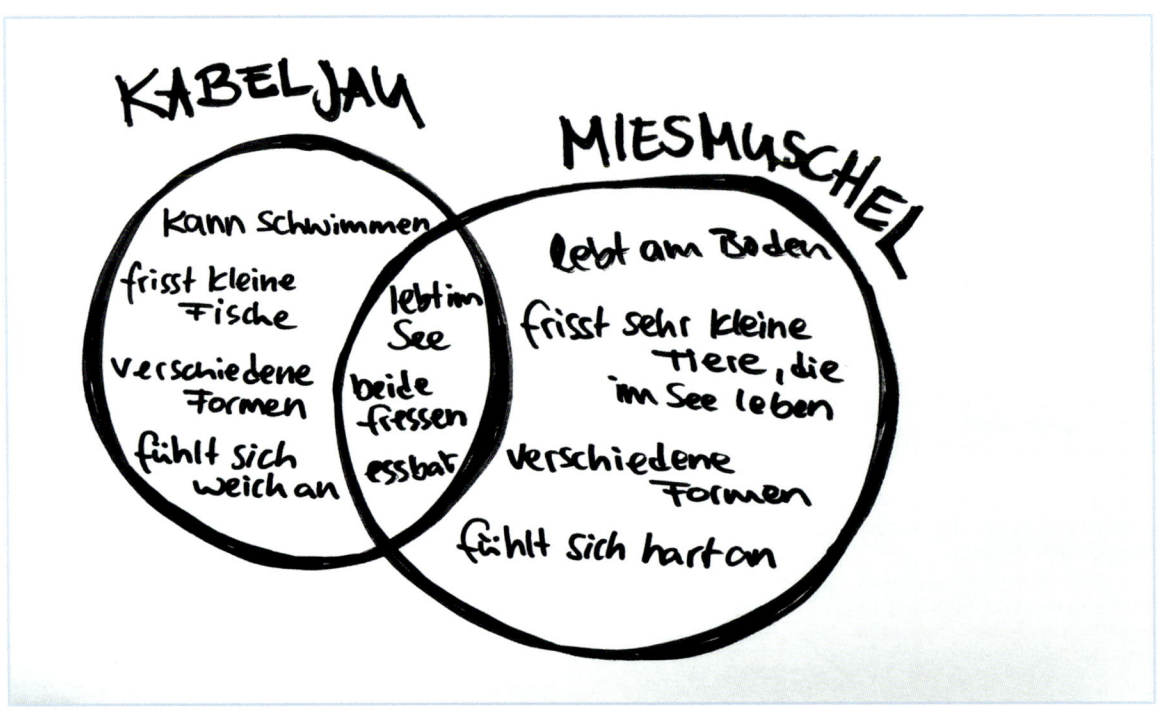

So kann ein Venn-Diagramm aussehen, nachdem man die Unterschiede und Gemeinsamkeiten zwischen Kabeljau und Miesmuschel beurteilt hat.

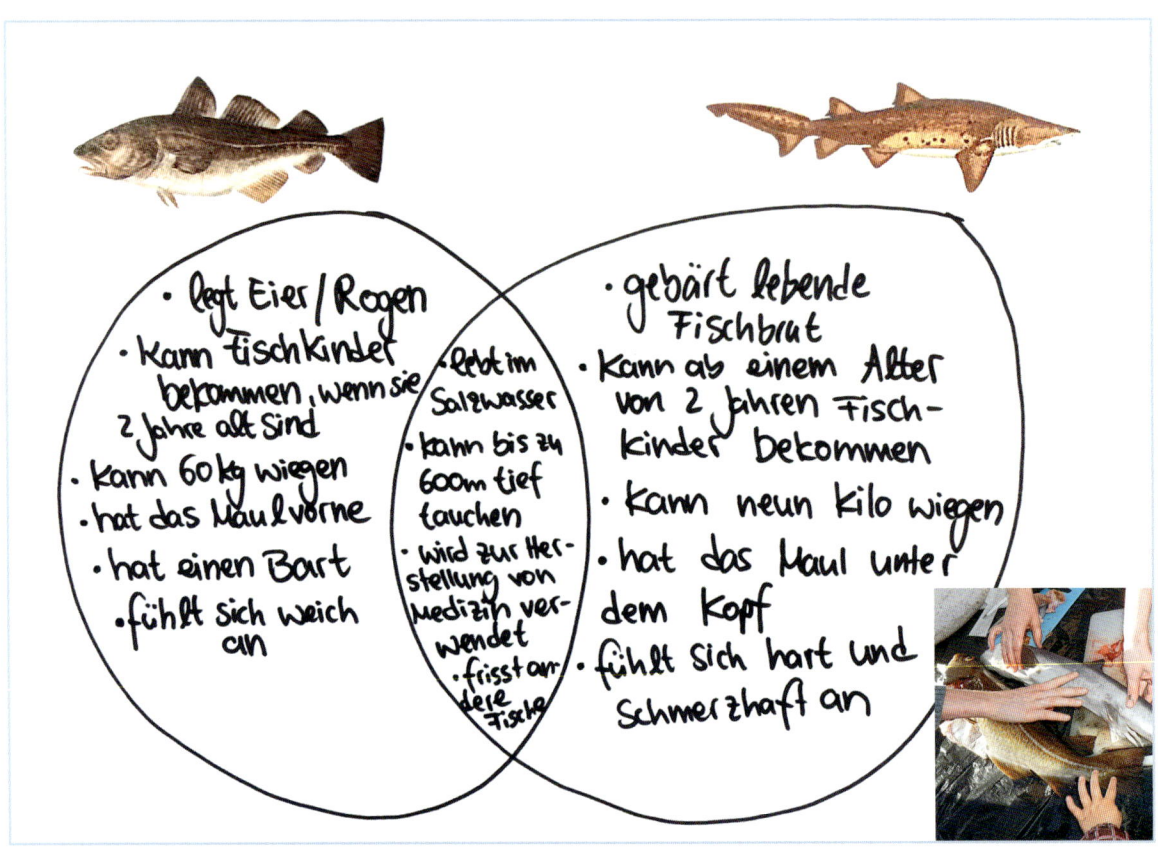

Hier dürfen die Kinder anschauen, berühren und zum Schluss Unterschiede und Gemeinsamkeiten von Kabeljau und Hai mit eigenen Worten beschreiben.

WMFL

Themen: ⇨ Analyse, Bewertung, Reflexion und Auswertung ⇨ Planung ⇨ Qualitätsentwicklung
⇨ Werkzeuge für Kinder, die gemeinsam mit Erwachsenen eingesetzt werden
⇨ Kompetenzentwicklung ⇨ Problemlösung

Was ist WMFL?

Was **W**issen wir, was **M**öchten wir lernen, wo können wir das **F**inden, was wir lernen möchten und was haben wir ge**L**ernt? WMFL ist eine Strategie, die sowohl in einer Gruppe als auch von einer Einzelperson eingesetzt werden kann.

Welchen Vorteil bietet WMFL?

WMFL ist leicht einsetzbar, erfordert nur wenig Material und funktioniert als Systematisierung und Bewusstmachung in Bezug auf eigene Kenntnisse. WMFL beginnt mit einer Zusammenfassung dessen, was jemand bereits kann. Dann folgt das, worüber er/sie gern mehr wissen möchte, wo er/sie dies finden kann, und zum Schluss wird darüber reflektiert, was er/sie gelernt hat.

Wann kann WMFL eingesetzt werden?

WMFL kann als Brainstorming eingesetzt werden, bevor man mit einem Thema oder einem Entwurf oder Konzept beginnen möchte. Indem die Kinder bereits vor Beginn befragt werden, vermeidet man das Risiko, dass man die Stimmen der Kinder, ihre Wünsche und alles, was sie bereits wissen, nicht herausbekommt.

Wissen	Möchten gern lernen	Finden	Haben gelernt

Ich leite eine Kita

Kinder in der Kindertagesstätte, die Diabetes bekommen haben			
Wissen	**Möchten gern lernen**	**Finden**	**Haben gelernt**
Müssen regelmäßig essen.	Welche Rechte hat das Kind?	Diabetes-Verband	Kinder mit Diabetes unterscheiden sich genauso voneinander wie andere Kinder.
Müssen Insulin gespritzt bekommen.	Können wir zusätzliche Mittel beantragen?	Mutter und Vater	
Könnten an Unterzuckerung leiden und müssten dann etwas mit Zucker essen/trinken.	Welche Änderungen werden sich dadurch für unsere Arbeitssituation ergeben?	Bücher, zum Beispiel über Diabetes	Jeder Einzelfall muss ausgehend von den jeweiligen Anforderungen an die Vorbereitungen bewertet werden.
Müssen häufig ihren Blutzucker messen.	Werden wir eine Schulung bekommen?	Mit anderen Kindertagesstätten kommunizieren, die Erfahrung mit Diabetes haben	Sollte bei dem Kind eine Behinderung festgestellt werden, hat es Anspruch auf einen bevorzugten Platz.
Müssen auf Ausflügen Essen gegen „Unterzuckerung" dabei haben.	Können wir etwas tun, was dem Kind schaden könnte, weil wir nicht genug können?		Es gibt eine öffentliche Verfahrensbeschreibung für die Handhabung von Arzneimitteln in Kindertagesstätten.

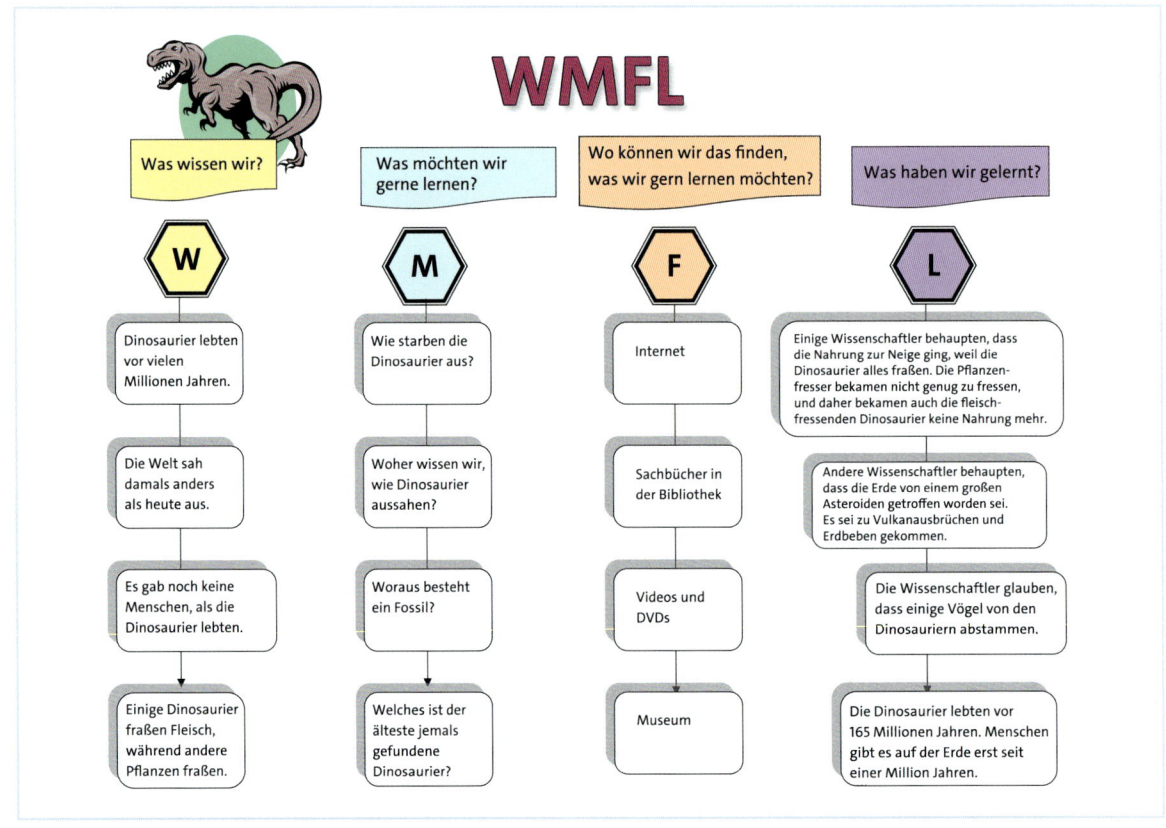

Hier ist ein Beispiel für ein Dinosaurier-Projekt.

Methoden, Werkzeuge und Vorlagen

Wie sieht WMFL aus?

WMFL kann auf ein Flipchartblatt, an verschiedene Arten von Tafeln oder auf ein Blatt gezeichnet werden. Die vier Spalten müssen stets dabei sein.

Wie wird WMFL durchgeführt?

Man kann individuell, in kleinen Gruppen oder in größeren Gruppen arbeiten. In einer großen Gruppe stellt jemand gleichzeitig Fragen und notiert, was gesagt wird. Beginnen Sie mit dem W, und fahren Sie dann mit den anderen Spalten fort. Sofern jemandem noch mehr einfällt, nachdem die Gruppe zu einer neuen Spalte hinübergewechselt ist, muss dies nur noch unter dem W hinzugefügt werden.

In den Beispielen auf S. 68 unten sowie S. 69 wurden die Kinder bei der Erstellung mit einbezogen.

Hier erfolgt gerade die Planung. Kinder wissen viel über das Meer, und es sind interessante Dinge, über die sie gern noch mehr wissen möchten!

Netzdiagramm

Themen: ⇨ Analyse, Bewertung, Reflexion und Auswertung

Was ist ein Netzdiagramm?

Das Netzdiagramm dient sowohl als Bewertungswerkzeug als auch zur grafischen Darstellung von Ergebnissen.

Welchen Vorteil bietet das Netzdiagramm?

Das Netzdiagramm macht Stärken und Schwächen auf deutliche und visuelle Weise sichtbar. Es ist leicht erkennbar, wo der Einsatz besonderer Kräfte erforderlich ist, um sich zu verbessern. Außerdem ist das Netzdiagramm leicht einzusetzen!

Wann kann das Netzdiagramm eingesetzt werden?

Da das Netzdiagramm ein Bewertungswerkzeug ist, eignet es sich gut im Zusammenhang mit einem Mitarbeitergespräch. Wir empfehlen den Einsatz des Netzdiagramms vor Mitarbeitergesprächen. Allen, mit denen Sie ein Gespräch führen müssen, händigen Sie das Netzdiagramm sowie die anderen zu einem Mitarbeitergespräch gehörenden Unterlagen aus. Bitten Sie um Rückgabe des fertig ausgefüllten Netzdiagramms einige Tage vor dem Gespräch.

Bevor Sie sich die von einem Mitarbeiter erzielte Punktzahl anschauen, füllen Sie bitte ebenfalls ein Netzdiagramm aus, um die Stärken und Schwächen des Betreffenden selbst zu bewerten. Danach vergleichen Sie die beiden Diagramme miteinander. Bestehen große Unterschiede zwischen Ihrer und der Punktzahl des Mitarbeiters, wird dies bei dem Gespräch selbstverständlich thematisiert. Denken Sie aber daran, dass Ihre Punktzahl kein Fazit sein soll. Sie sollen sie nur als eine Art Arbeitsgrundlage für sich selbst einsetzen, um Fragen stellen zu können, die Ihren Gesprächspartner zur Reflexion anregen. Netzdiagramm-Ergebnisse dürfen nicht miteinander verglichen werden!

Das Netzdiagramm kann auch von einer Gruppe eingesetzt werden, beispielsweise von den Angestellten einer Abteilung oder einer Stammgruppe. Haben die Angestellten zu Beginn des Kita-Jahres für die Zusammenarbeit in der Abteilung einen „Fahrplan" in Bezug auf Fristen, Aufgabenverteilung, Informationsaustausch, Kommunikationsform und ähnliches aufgestellt, kann das Netzdiagramm nach einem halben Jahr eingesetzt werden, um zu überprüfen, ob alles so funktioniert, wie es sein sollte. In dem Buch **„Ich leite eine Kita. Fachwissen, Werte und Erfolgsgeschichten"** finden Sie weitere Beispiele für den Einsatz des Netzdiagramms – sowohl für Angestellte als auch für Eltern.

Das Netzdiagramm kann auch vom gesamten Personal eingesetzt werden. Dabei kann jeder Einzelne das Netzdiagramm nach eigenem Ermessen ausfüllen, woraus sich eine durchschnittliche Punktzahl errechnen lässt, die anzeigt, was das Personal insgesamt meint.

Das Beispiel auf S. 71 unten zeigt, wie die Angestellten die kollegiale Zusammenarbeit in Anknüpfung an die von ihnen erarbeiteten Werte einschätzen. Wie gut sind sie als Gruppe darin, das zu erfüllen, was laut ihren Äußerungen für Sie als Kollegen kennzeichnend sein soll? Wo müssten sie sich verbessern? Wo sind sie gut genug? Die rote Netzdiagramm-Punktzahl steht für die Ansichten eines einzelnen Angestellten, während die grüne für die gesamten Punktzahlen aller Angestellter steht. Bereiche, in denen Abweichungen zwischen diesen Werten vorhanden sind, sind interessante Reflexionsfelder. Was ist der Grund für ihre Unterschiedlichkeit?

Methoden, Werkzeuge und Vorlagen

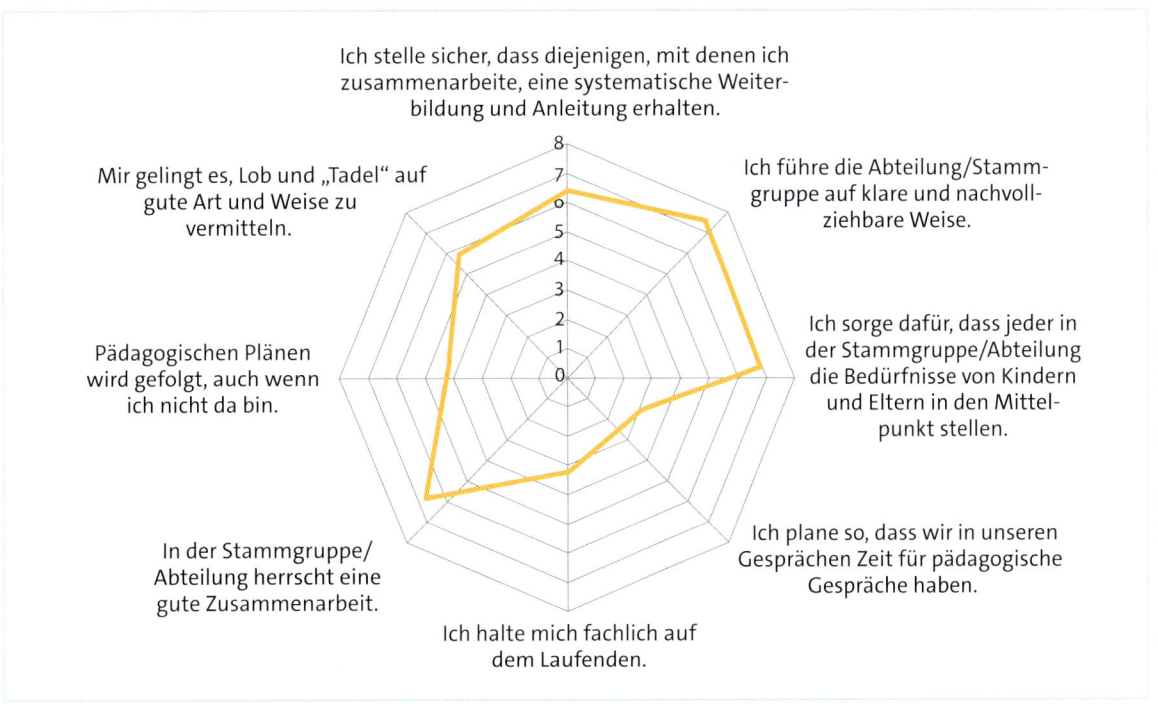

Netzdiagramm-Bewertung durch eine erfahrene pädagogische Leitungskraft

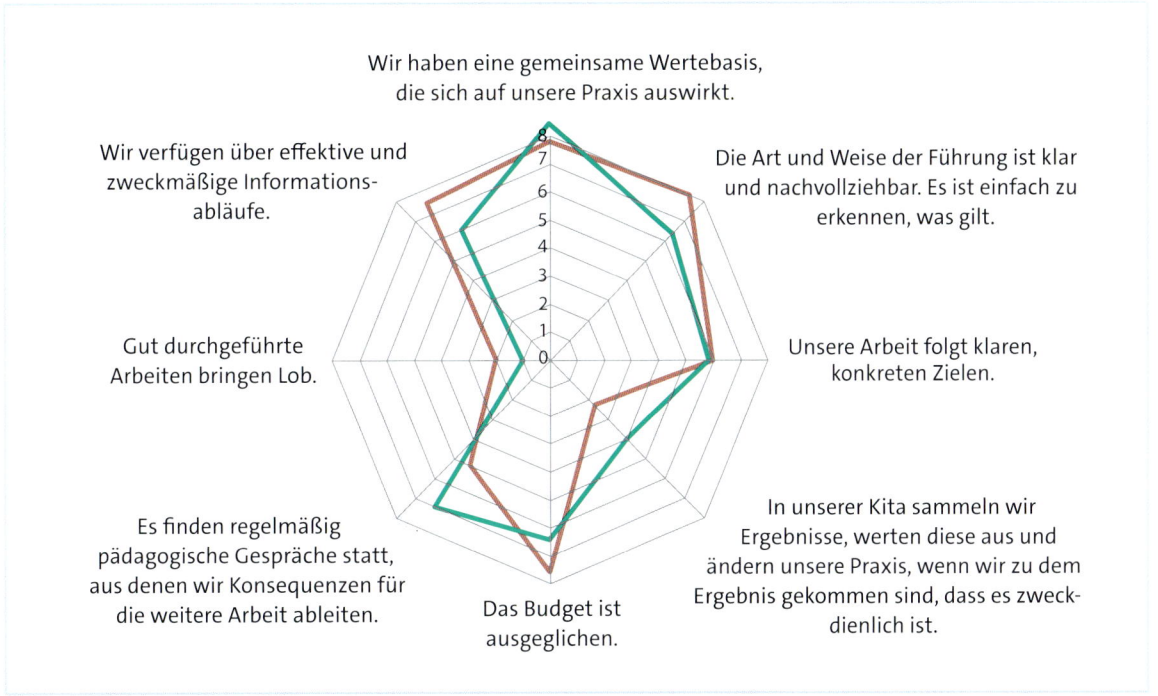

Beurteilung der Organisation im Netzdiagramm

Das Netzdiagramm kann auch zur Darstellung der Ergebnisse einer Umfrage eingesetzt werden. Das Beispiel auf S. 72 zeigt die Gesamtpunktzahl einer einfachen Service-Umfrage für Eltern. Ein guter Ausgangspunkt für Diskussionen – zum Beispiel mit Elternvertretung oder Kooperationsausschuss. Wo können wir uns verbessern? Was müssen wir ändern?

Ich leite eine Kita

Wie wird das Netzdiagramm eingesetzt?

1. Nehmen Sie ein DIN-A4-Blatt oder ein größeres Blatt. Zeichnen Sie das Netzdiagramm wie ein Rad mit gleich vielen Speichen, die die zu bewertenden Kategorien darstellen sollen. Zeichnen Sie einen Außenring, der den Abschluss des Netzdiagramms markiert.

2. Schreiben Sie die Bewertungskategorien an jeder Speiche auf.

3. Nehmen Sie Abstufung der Speichen ab 0 in der Mitte bis zum höchsten gewählten Wert am Außenrand vor.

4. Kopieren Sie dies, und teilen Sie es an alle aus, die das Netzdiagramm ausfüllen sollen.

5. Wer das Netzdiagramm ausfüllt, soll seine Bewertung an der Speiche markieren, die zu der jeweiligen Frage gehört und danach mit einem Bleistift Striche zwischen den Ergebnissen ziehen. Beachten Sie die Uhr!

Wie zieht man aus dem Netzdiagramm den größtmöglichen Nutzen?

Setzen Sie das Netzdiagramm oft ein! Heben Sie alte, fertig ausgefüllte Netzdiagramme für das nächste Mitarbeitergespräch auf, und schauen Sie sich die Entwicklung an. Nehmen Sie sich Zeit für individuelle Gespräche, Abteilungsbesprechungen und Personalbesprechungen, um zu bewerten, was erarbeitet wurde, und setzen Sie die Bewertungen für die Festlegung neuer Ziele zur Weiterentwicklung ein.

Tipp

Das Netzdiagramm werden Sie auch unter den Diagrammen in Microsoft Office Excel finden. Die Beispiele in dieser Anleitung wurden in diesem Programm angefertigt.

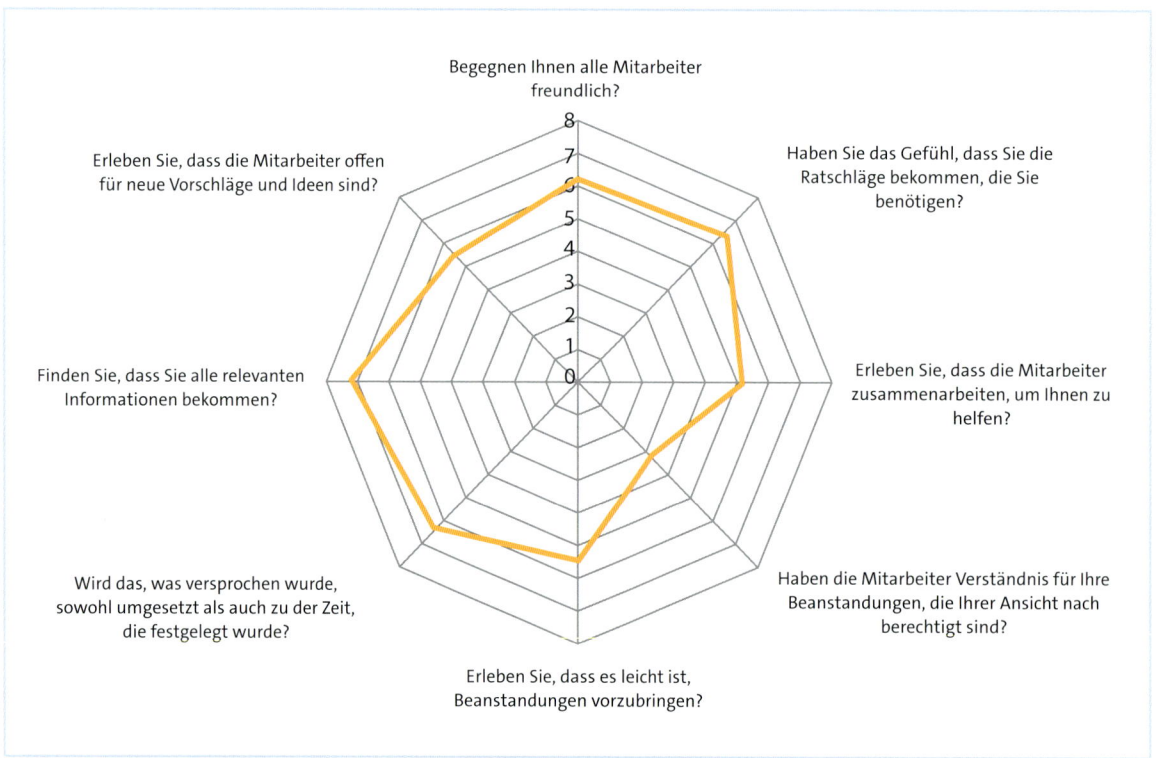

Service-Umfrage für Eltern

Ursache-Wirkungs-Diagramm

Themen: ➪ Analyse, Bewertung, Reflexion und Auswertung ➪ Problemlösung

Was ist ein Ursache-Wirkungs-Diagramm?

Das Ursache-Wirkungs-Diagramm ist eine Vereinfachung des Fischgrätendiagramms und ein äußerst simples Werkzeug, um sich Wirkungen und dafür eventuell infrage kommende Ursachen anzuschauen – im Zusammenhang mit einem Problem, einem Ereignis oder Vergleichbarem.

Wann kann das Ursache-Wirkungs-Diagramm eingesetzt werden?

Das Ursache-Wirkungs-Diagramm kann eingesetzt werden, um sich dafür zu öffnen und zu erkennen, dass es klug sein könnte, Änderungen an einer Sache, einer Verhaltensweise oder ähnlichem vorzunehmen. Es kann dabei behilflich sein, sich auf mehrere Aspekte einer Sache/eines Ereignisses zu fokussieren und außerdem Fakten zu sammeln, damit die Teilnehmer diese erkennen können, bevor eventuelle Schlussfolgerungen gezogen werden.

Wie wird ein Ursache-Wirkungs-Diagramm angefertigt?

Das Ursache-Wirkungs-Diagramm wird angefertigt, indem in die Mitte des Blattes eine Aufgabe geschrieben wird. Die Ursachen werden auf die linke Seite mit Pfeilen zum Aufgabentext hin geschrieben. Die jeweiligen Wirkungen werden auf die rechte Seite geschrieben – ergänzt durch Pfeile, ausgehend von der Aufgabe in der Mitte und in Richtung jeder einzelnen Wirkung. Das Ursache-Wirkungs-Diagramm kann von einer Einzelperson eingesetzt werden, wird aber meist besser funktionieren, wenn mehrere Beteiligte ihre Standpunkte vortragen können. Das Ursache-Wirkungs-Diagramm lässt sich auf einen Flipchart, verschiedene Tafeln oder auf ein Blatt Papier zeichnen.

Wie zieht man aus dem Ursache-Wirkungs-Diagramm den größtmöglichen Nutzen?

Nachdem man eventuelle Ursachen ermittelt hat, kann es beispielsweise klug sein, über zwei oder drei Ursachen abzustimmen, die nach Meinung der Teilnehmer die beste Wirkung erzielen würden, dann diese anschließend eine Zeit lang zu prüfen, um zu herauszufinden, ob sich etwas verbessert.

In dem Beispiel auf der nächsten Seite haben die Angestellten einer Abteilung ihre Abteilungsbesprechungen bewertet. Sie sind mit dem Ablauf der Besprechungen unzufrieden, halten sie für ineffizient und meinen, sie hätte nur geringfügige Auswirkungen auf die Kinder. Die Arbeit mit dem Ursache-Wirkungs-Diagramm in dem Beispiel beginnt damit, dass sie zuerst die Wirkungen aufschreiben, die sie von den Besprechungen in ihrer heutigen Form kennen. Danach vermerken sie eventuelle Ursachen dafür, weshalb die Besprechungen so sind, wie sie sie sich ihrer Einschätzung nach darstellen.

Ich leite eine Kita

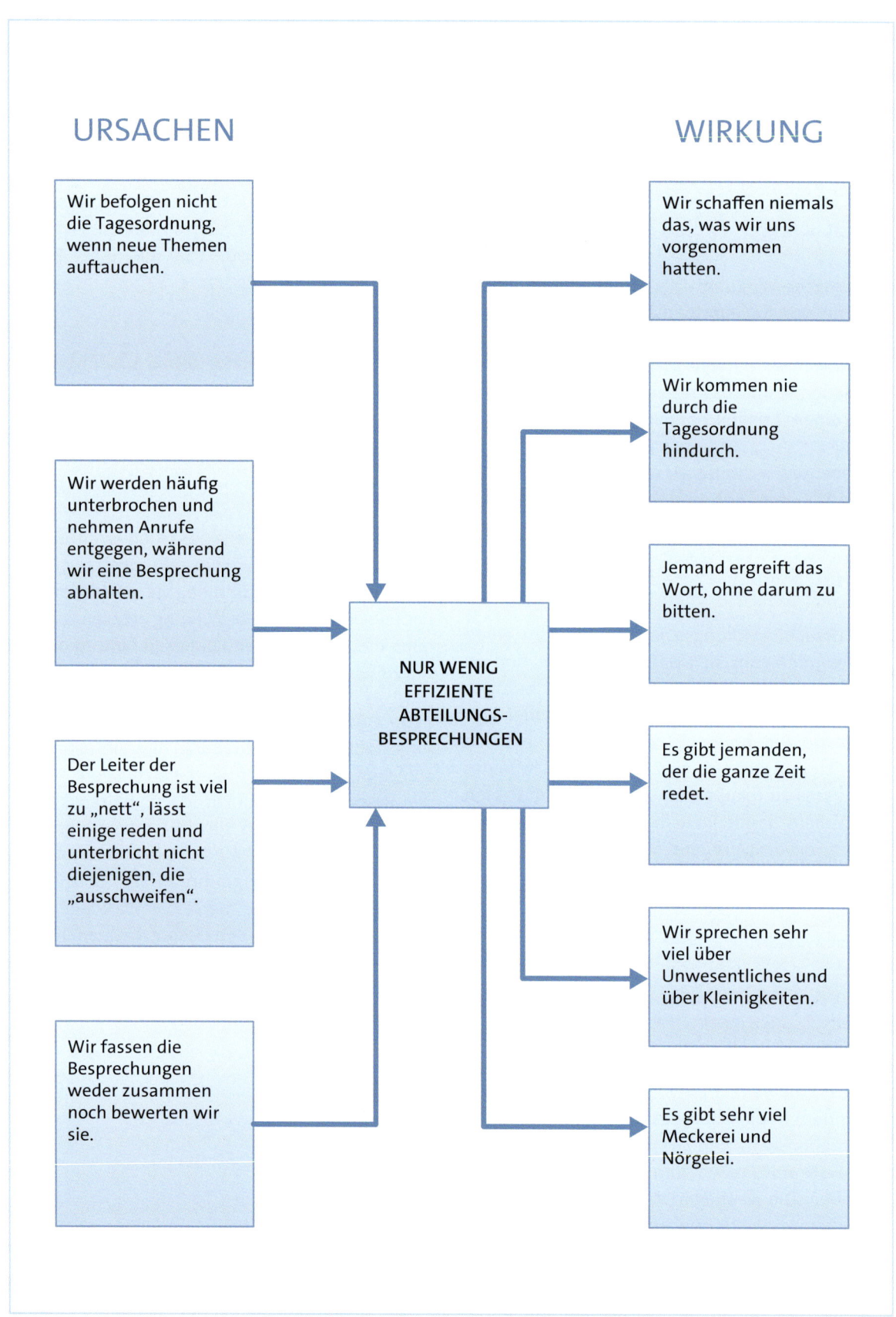

Ursache-Wirkungs-Diagramm

SWOT-Analyse

Themen: ⇨ Analyse, Bewertung, Reflexion und Auswertung ⇨ Kompetenzentwicklung

Was ist eine SWOT-Analyse?

Die SWOT-Analyse ist ein Analysewerkzeug, das eingesetzt werden kann, um ein gemeinsames Verständnis von den gegenwärtigen starken und schwachen Seiten einer Kindertagesstätte, einer Abteilung oder einer Stammgruppe zu erarbeiten. Was künftig entwickelt werden könnte und sollte und welche Hindernisse dem Erreichen der gesetzten Ziele entgegenstehen, wird beim Einsatz dieses Werkzeugs ebenfalls deutlich hervortreten. SWOT steht für die englischen Worte *Strength – Weakness – Opportunities – Threats*. Ins Deutsche übersetzt lauten die Begriffe: Stärken – Schwächen – Chancen – Hindernisse.

Welchen Vorteil bietet die SWOT-Analyse?

Die SWOT-Analyse ist leicht einzusetzen und erfordert nur wenig Material. Sie benötigen einen Raum, in dem nur geringfügige Störungen zu erwarten und viel Platz an den Wänden, ein Flipchart auf einem Ständer, rote, grüne, blaue und schwarze Marker sowie Klebeband vorhanden sind! Das Werkzeug kann von einer verhältnismäßig großen oder kleinen Gruppe eingesetzt werden. Auch zwei Personen können interessante Ergebnisse durch den Einsatz dieser Technik erzielen!

Wann kann die SWOT-Analyse eingesetzt werden?

Setzen Sie die SWOT-Analyse ein, wenn Sie es für erforderlich halten, sich Stärken und Schwächen bewusster zu werden und wenn Sie Bedarf an einem Blick in die „Glaskugel" verspüren.

Einige Voraussetzungen für den erfolgreichen Einsatz der SWOT-Analyse

Wir empfehlen Ihnen als Leiter, eine Zahl von maximal sechs Teilnehmern (einschließlich Ihrer Person) zur Durchführung der SWOT-Analyse auszuwählen. Das beste Ergebnis werden Sie erzielen, wenn Sie sich für Angestellte entscheiden, die visionär sind und langfristig und kreativ denken können. Es wäre auch schön, wenn Sie sowohl eine Person mit langjähriger Berufserfahrung als auch eine erst seit kurzem Ihrer Organisation angehörende Person einbeziehen könnten. Die Mischung aus Angestellten, die noch nicht „betriebsblind" sind, und Angestellten, die die Kultur in- und auswendig kennen, ist oftmals enorm produktiv. Bitte beachten Sie, dass Sie mindestens einen gemeinsamen Tag, vielleicht auch mehr, brauchen werden. Bevor Sie sich zur Analysearbeit treffen, muss sowohl denen, die an der Analyse beteiligt sein werden, als auch denen, die nicht daran beteiligt sein werden, erläutert werden, worum es bei der Analyse geht, wozu sie eingesetzt wird und wann die Ergebnisse der Analyse allen Angestellten zugänglich gemacht werden sollen.

Bevor Sie sich zu der Analyse treffen, empfehlen wir Ihnen auch, über einige Fragen zu reflektieren. Sie können gern bei den Abteilungs-/Stammgruppenbesprechungen aufgegriffen werden. Das Buch „**Ich leite eine Kita. Fachwissen, Werte und Erfolgsgeschichten**" enthält eine Menge Fragen und Empfehlungen für aktuelle Reflexionsfelder. Wir empfehlen Ihnen, dass die Reflexionen schriftlich festgehalten und begründet werden und dass die Gruppe, die die SWOT-Analyse durchführen soll, dies liest, bevor sie die Arbeit aufnimmt.

Ich leite eine Kita

Wir empfehlen Ihnen auch, bereits im Vorfeld der Analyse ein gemeinsames Verständnis dafür zu entwickeln, welche Bereiche von Ihnen beleuchtet und bewertet werden sollen, wofür das Buch **„Ich leite eine Kita. Fachwissen, Werte und Erfolgsgeschichten"** ebenfalls Strukturen und Hilfsmittel bereithält. Für die Analyse ist es am allerbesten, einen Raum außerhalb der Kindertagesstätte zu finden. Dieser braucht weder besonders schön noch elegant zu sein, sollte aber ausreichend Platz an den Wänden bieten und ein friedlicher Ort sein, an dem die Teilnehmer ungestört arbeiten können. Ein wichtiger Erfolgsfaktor besteht auch darin, dass man sich darauf einigt, Mobiltelefone nur in den Pausen zu checken: Um eine gute SWOT-Analyse zu gewährleisten, ist es wichtig, dass die Teilnehmer auf die Aufgabe fokussiert sind. Denken Sie daran, regelmäßige Pausen einzulegen – mindestens einmal pro Stunde. Verlassen Sie den Raum, und gehen Sie an die frische Luft. Dies mag sich wie eine Selbstverständlichkeit anhören, aber nach der Durchführung mehrerer hundert Analysen wissen wir, wie gefesselt und engagiert die Teilnehmer sein werden!

Wie erfolgt eine SWOT-Analyse?

1. Für eine erfolgreiche SWOT-Analyse ist die Benennung eines Prozessleiters erforderlich. Stellen Sie einen Zeitplan auf, um zu gewährleisten, dass Sie Ihr Ziel erreichen! Der Prozessleiter muss stets zum Eingreifen bereit sein, wenn zu viel geredet wird!

2. Beginnen Sie immer mit der Herausarbeitung der starken Seiten Ihrer Kindertagesstätte. Nachdem alle Teilnehmer einige Minuten gebraucht haben, um die ihrer Meinung nach starken Seiten auf einem eigenen Blatt Papier zu vermerken, kann der Prozessleiter die „Runde" beginnen lassen. Das heißt, dass die Teilnehmer nacheinander eine starke Seite hervorheben, womit so lange fortgefahren wird, bis alle starken Seiten auf den Flipchartblättern vermerkt sind. Unterdessen ist es nicht erlaubt, Kommentare abzugeben, und der Prozessleiter muss in allen Phasen der Analyse auf Augenhöhe mit den anderen Teilnehmern teilnehmen. Es könnte daher erforderlich sein, den „Schreiber" im Laufe der Analyse auszutauschen.

3. Hängen Sie die Blätter an die Wand, je nachdem, wie sie fertig beschrieben worden sind. Sorgen Sie für vollständige Sätze, keine Stichworte! Schreiben Sie am besten mit großen Buchstaben und nicht zu klein: Alles, was geschrieben wurde, muss aus mehreren Metern Abstand lesbar sein. Seien Sie kritisch in Bezug darauf, ob es wirklich eine starke Seite ist, die Sie gerade anbringen. Es sollte wirklich mehr sein als etwas, was nur gut ist! Achten Sie auch darauf, dass Ihre Behauptung auch tatsächlich stimmt. Können Sie beweisen, dass sie der Wahrheit entspricht? Ein Beispiel dafür kann sein, dass ein Teilnehmer behauptet, im Kollegium herrsche ein ausgesprochen gutes Klima. In diesem Fall ist es relevant zu überprüfen, was die Mitarbeiterbefragung dazu sagt. Nicht alle müssen sich darüber einig sein, dass das, was behauptet wird, eine starke Seite darstellt, aber es ist wichtig, dass dabei etwas anderes als nur leeres Gerede herauskommt. Machen Sie weiter, bis alle mindestens ein Mal ausgesetzt haben.

4. Schwache Seiten sind die nächste Aufgabe. Lassen Sie die Teilnehmer zuerst in Stille etwas auf ihr eigenes Blatt Papier schreiben, bevor mit der Runde begonnen wird. Damit die Teilnehmer sich trauen, ehrlich zu sein, ist es von wesentlicher Bedeutung, dass das, was angeblich als schwache Seiten hervorgehoben wird, nicht vor allen Angestellten preisgegeben wird. Was Gemeingut sein soll, sind die Zukunft und die Chancen, an denen wir arbeiten müssen, um uns zu verbessern. Starke und schwache Seiten definieren wir de facto als Arbeitsgrundlage. Lassen Sie das Wort von Teilnehmer zu Teilnehmer weitergeben. Hängen Sie die Flipchartblätter an die Wand, je nachdem, wie sie vollgeschrieben werden. Halten Sie inne, wenn alle mindestens einmal ausgesetzt haben.

5. Nach der Ermittlung der starken und schwachen Seiten werden garantiert viele Flipchartblätter an den Wänden hängen. Num-

merieren Sie alle starken und alle schwachen Seiten. Stimmen Sie dann über die wichtigsten starken und die wichtigsten schwachen Seiten ab, damit die Gruppe dies sehen kann. Hier kann das Abstimmungsverfahren „Teile durch 2 und füge 1 hinzu" eingesetzt werden. Es wird in diesem Buch (auf S. 131) beschrieben.

6 Danach kommen die Chancen, die an der Reihe sind. Welche interessanten und positiven Chancen sehen wir für die Entwicklung unserer Kindertagesstätte in den nächsten Jahren? Was sollten wir tun, um die schwachen Seiten in den Griff zu bekommen? Welche Chancen sehen wir hier? Was sollten wir tun, um bereits starke Seiten noch stärker zu machen? Geben Sie den Teilnehmern zehn Minuten Zeit, um ihre Ideen auf ein eigenes Blatt Papier zu schreiben, bevor die Runde startet. Hängen Sie die Flipchartblätter auf, je nachdem, wie sie fertig beschrieben worden sind. Wenn alle Chancen, die Sie nun vor sich sehen können, aufgeschrieben wurden und alle Teilnehmer aussetzen, ist es erneut an der Zeit, eine Abstimmung durchzuführen. Welcher Art sind die wichtigsten Chancen, die in Angriff genommen werden sollten? Nummerieren Sie auch hier, und wenden Sie das Abstimmungsverfahren wie bei den starken und schwachen Seiten an.

7 Schauen Sie sich zuletzt die Risiken an. Davon gibt es in der Regel nicht allzu viele. Wir empfehlen nämlich, dass der Prozessleiter streng darauf achtet, was als Risiko zu definieren ist. Hindernisse sind etwas anderes, daran können wir in der Regel etwas ändern. Dass Angestellte nicht bei der Entwicklungsarbeit dabei sein möchten – daran können wir beispielsweise etwas ändern. Das kommunale Budget kann dagegen (Sie kennen das) ein ganz reales Risiko darstellen. Oder dass eine funkelnagelneue Kindertagesstätte in unmittelbarer Nachbarschaft eröffnet werden soll!

Wie zieht man aus der SWOT-Analyse den größtmöglichen Nutzen?

Wir empfehlen Ihnen, die Chancen, über die unter Punkt 6 abgestimmt wurde, unter dem Stichwort „Schwerpunktbereiche" zusammenzufassen, sie dann in konkrete Ziele umzuwandeln und anschließend auf eine Zeitachse und in einen Handlungsplan zu setzen (siehe nächste Seite).

Mehr über Zeitachsen, Handlungspläne und die Umsetzung von Chancen in Ziele finden Sie auch in dem Buch **„Ich leite eine Kita. Fachwissen, Werte und Erfolgsgeschichten"**. Bevor Sie wieder auseinandergehen, muss einer der Teilnehmer alles, was auf den Flipchartblättern steht, in einen Vordruck eintragen. Einigen Sie sich auch darauf, wann Sie sich das nächste Mal treffen werden, um Chancen in Ziele umzusetzen und sie auf der Zeitachse anzubringen. Es sollten nicht mehr als zwei Wochen vergehen, bevor Sie sich zu dieser Zielarbeit treffen, und es wäre vorteilhaft, wenn Sie auch dann an einem anderen Ort als in der Kindertagesstätte sein könnten. Beenden Sie die SWOT-Analyse wie im Plus-Delta (vgl. S. 58) beschrieben.

Nach Ihrer Rückkehr in die Kindertagesstätte werden sicherlich viele sehr neugierig darauf sein, was Sie während der Analyse gemacht haben. Denken Sie daran, dass Begeisterung ansteckend wirkt: Erzählen Sie mit Leidenschaft von den erzielten Ergebnissen, also von den Schwerpunktbereichen und den Chancen, über die Sie abgestimmt haben. Es ist die Zukunft, über die Sie sprechen müssen! Erzählen Sie davon, wie künftig gearbeitet werden soll. Welche Methodik Sie anwenden werden, ist nicht der zentrale Punkt. Wichtig ist, dass alle Angestellten erfahren, dass sie künftig aktiv an der Arbeit mitwirken dürfen, und dass diese Arbeit viele Jahre in Anspruch nehmen wird.

Ich leite eine Kita

Wie kann eine SWOT-Analyse aussehen?

Diese SWOT-Analyse stammt von einer Kindertagesstätte mit fünf Abteilungen, und sechs Angestellte waren an der Analyse beteiligt:

Tätigkeitsanalyse der Kindertagesstätte Bakkehakkeskogen	
Starke Seiten	**Schwache Seiten**
1. Die Kindertagesstätte hat eine schöne Lage mit Nähe zu See und Wald, einen eigenen Lagerplatz sowie eine gute Verkehrsanbindung. 2. Krankenstand und die Fluktuation sind niedrig. 3. Wir verfügen über viel Fachwissen im Bereich Kinder mit Behinderungen. 4. Neben großen Räumen haben wir eine Reihe kleiner Räume. 5. Wir haben eine eigene Theatergruppe. 6. Unsere Kita-Leitung hat langjährige Erfahrung. 7. Wir verzeichnen eine hohe Zufriedenheit beim Personal (laut Mitarbeiterbefragung). 8. Wir weisen einen hohen Anteil an Fachpersonal auf, mehr als 60 Prozent. 9. Wir verfügen über herausragende Kompetenzen in den Bereichen Musik, Gesang, Theater, Fußball, Natur/Freiluftaktivitäten und Sonderpädagogik. 10. Wir haben eine sehr engagierte Elternvertretung, was zu einem hohen Engagement der Eltern beiträgt. 11. Wir haben eine aktualisierte Webseite mit schönem Layout. 12. Die Kita hat Gruppenräume. 13. Wir haben ein Lavvo (Samisches Zelt) und eine Grillhütte. 14. Es finden einmal im Monat Vollversammlungen statt – für Klein und Groß. 15. Es handelt sich um eine schöne und relativ neue Kindertagesstätte. 16. Wir haben viele Mitarbeiter mit langer Beschäftigungszeit in der Kita.	1. Wir haben kein pädagogisches Profil – unserer Arbeit fehlt der rote Faden. 2. Uns fehlen eine klare Vision und klare Werte, an denen wir uns orientieren können. 3. Wir verschwenden viel Energie dafür, uns über Dinge zu beklagen, an denen wir nichts ändern können. Dies geschieht in informellen Foren und raubt uns Energie. 4. Zu wenige Mitarbeiter haben Interesse an IKT* und entsprechende Kenntnisse. 5. Viel zu viele wechseln in die Teilzeitbeschäftigung – dies führt unter anderem zu Problemen bei der Abwicklung von Besprechungen. 6. Wir sind besser darin, anzukündigen, was wir tun möchten als es tatsächlich zu tun – zu viele abgesagte Aktivitäten. 7. Bei Freiluft-Aktivitäten konzentrieren wir uns zu sehr auf uns selbst. 8. Die Kita-Leitung verbringt zu viel Zeit mit Dingen, die eigentlich in den Abteilungen geklärt werden müssten. 9. Unsere Dokumentation von Konzepten und dem, was wir in der Kindertagesstätte machen, ist schriftlich zu schwach. 10. Die Pläne der Kita enthalten zu viel *Was* und *Wie* und zu wenig *Warum*. 11. Fristen haben nur einen empfehlenden Charakter. 12. Wir sind nur wenig fachlich orientiert, wir haben viel zu wenig pädagogischen Austausch/Diskussion. Zum größten Teil geht es bei uns um die Verwaltung und um die Aufrechterhaltung des erforderlichen Mindestbetriebs.

Methoden, Werkzeuge und Vorlagen

Chancen	Risiken
1. Bei der Erstellung von Plänen und Jahresplänen sollten wir an die Zielgruppe denken. Wen wollen wir dabei erreichen? Wir müssen erläutern, warum wir etwas so machen, wie wir es machen.	1. Schwaches kommunales Budget bedingt größere Kindergruppen und Einschränkungen beim Einsatz von Vertretungen. Personalverschleiß kann einen höheren Krankenstand und ein schlechteres Angebot für die Kinder bewirken.
2. Die Anfertigung eines Jahreskreises mit allen festen Aktivitäten sollte erfolgen, um dafür zu sorgen, dass wir genau das machen, was wir sagen.	2. Private Kitas in der Umgebung haben längere Öffnungszeiten.
3. Wir sollten einen Plan erstellen, wie wir unsere IKT-Kompetenz erhöhen können und Mindeststandards für Kenntnisse wie auch Anwendung erarbeiten.	3. Zahlen auf den Wartelisten unserer Kita sind rückläufig.
4. Wir sollten einen Plan erstellen, wie wir Spielen und Lernen im Freien ermöglichen. Der Plan muss alles enthalten von eindeutiger Aufgabenverteilung bis hin zu Überlegungen zu alternativer Nutzung der Bereiche in der näheren Umgebung der Kindertagesstätte.	4. 100 % Versorgung.
5. Wir sollten einen Plan erstellen, wie wir unsere Gesamtkompetenz entwickeln und Raum für pädagogische Diskussion schaffen können.	
6. Die Ergänzung der Homepage der Kindertagesstätte sollte durch ein eigenes Facebook- und Twitterkonto erfolgen. Alle drei sollte man so miteinander verbinden, dass sie sich stets automatisch gegenseitig aktualisieren.	
7. Wir sollten ermitteln, worin die „Bakkehakkeskogen-Art", eine Kita zu betreiben, besteht. Was unterscheidet uns von anderen? Wo liegen unsere Schwerpunktbereiche?	
8. Die Erarbeitung einer gemeinsamen Werteplattform kann erfolgen, auf der wir die „Bakkehakke-Art" aufbauen.	
9. Wir sollten einen Plan erstellen, wie wir ein klareres und besser aufeinander abgestimmtes Führungsteam werden können – was sowohl für Kita-Leitung/stellvertretende Leitung als auch das gesamte Führungsteam gilt.	

Ich leite eine Kita

Chancen (Fortsetzung)

10. Wir sollten ermitteln, wie altersgerechte Entwicklung aussieht und was die Kinder auf den verschiedenen Altersstufen erleben/erfahren/lernen sollen und, was wir mindestens tun müssen, wenn wir sehen, dass die Entwicklung eines Kindes nicht altersgerecht ist.
11. Wir sollten einen Plan erstellen, was wann zu dokumentieren ist und von wem. Dies steht in Zusammenhang mit der Festlegung eindeutiger Anforderungen, wofür die Dokumentationen eingesetzt und wo und wie diese sichtbar gemacht werden sollen.
12. Wir sollten einen Plan erstellen, wie wir die Teilnahme an der Nutzerbefragung deutlich erhöhen.
13. Aus einfachen Broschüren kann hervorgehen, was die Kinder von einem bis drei und drei bis sechs Jahren garantiert bekommen/erleben/erfahren werden. Wir müssen bedenken, dass dies an die Eltern gerichtet ist und ausführliche, für jeden Mitarbeiter verbindliche Methodenbroschüren erstellen.
14. Wir sollten konkret und schriftlich festlegen, wie Mindeststandards/Anforderungen und Konsequenzen bei Verstößen aussehen.
15. Wir sollten einen Plan erstellen, wie wir von anderen Kindertagesstätten in der Kommune lernen können. Dieser beinhaltet alles von Tipps bis zum Erlernen von pädagogischen Kenntnissen wie zum Beispiel durch Hospitationen, Studienbesuche und so weiter.
16. Wir sollten einen neuen, konkreteren Plan für die Vorschulgruppe mit klaren Begründungen erstellen.
17. Die Aufstellung von Mindeststandards für alle fraglichen Bereiche sollte erfolgen.
18. Wir können eine Liste anlegen, welche Gründe es jeweils für ausgefallene Aktivitäten von Besprechungen bis zu Konzepten mit Kindern gibt.
19. Die Erstellung eines Kompetenzplans zur Sicherstellung der Entwicklung und der erforderlichen Kompetenzen sämtlicher Mitarbeiter sollte erfolgen, wobei externe und interne Kompetenzkonzepte zu berücksichtigen sind sowie der Bezug dazu, wer welche Kompetenzerweiterung erhalten soll.

Methoden, Werkzeuge und Vorlagen

QUALITÄTSSICHERUNG

2. Anfertigung eines Jahreskreises mit allen festen Aktivitäten, um dafür zu sorgen, dass wir genau das machen, was wir sagen.

17. Mindeststandards für alle fraglichen Bereiche aufstellen.

PÄDAGOGIK/DIDAKTIK

10. Ermitteln, wie altersgerechte Entwicklung aussieht und was die Kinder auf den verschiedenen Altersstufen erleben/erfahren/lernen sollen. Ermitteln, was wir mindestens tun müssen, wenn wir sehen, dass die Entwicklung eines Kindes nicht altersgerecht ist.

11. Einen Plan dafür aufstellen, was zu dokumentieren ist und wer wann etwas zu dokumentieren hat. Eindeutige Anforderungen daran festlegen, was die eingesetzten Dokumentationen enthalten und wo und wie sie veranschaulicht werden sollen.

16. Einen neuen und konkreteren Plan für die Vorschulgruppe mit eindeutigen und ausführlichen Begründungen aufstellen.

ELTERNZUSAMMENARBEIT

13. Einfache Broschüren erstellen, aus denen hervorgeht, was die Kinder zwischen einem und drei sowie drei und sechs Jahren garantiert bekommen/erleben/erfahren werden. Daran denken, dass dies auf die Eltern abzielt. Ausführliche, für jeden Angestellten verbindliche Methodenbroschüren erstellen.

12. Einen Plan dafür aufstellen, wie wir die Teilnahme an der Nutzerbefragung stark erhöhen werden.

6. Ergänzung der Homepage der Kindertagesstätte durch ein eigenes Facebook- und Twitterkonto. Alle drei so miteinander verbinden, dass sie sich stets automatisch gegenseitig aktualisieren.

LEITUNG

9. Einen Plan dafür aufstellen, wie wir ein deutlicheres und besser aufeinander abgestimmtes Führungsteam werden können – was sowohl für die Geschäftsführung/stellvertretende Geschäftsführung als auch für das gesamte Führungsteam gilt.

WERTE

8. Erarbeitung einer gemeinsamen Werteplattform, auf der wir das „Bakkehakkeskogen-Verfahren" aufbauen.

7. Ermitteln, worin das „Bakkehakkeskogen-Verfahren" zum Betrieb einer Kindertagesstätte besteht. Was unterscheidet uns von anderen? Wo liegen unsere Schwerpunktbereiche?

MITARBEITER

19. Einen Kompetenzplan zur Sicherstellung der Entwicklung und der Kompetenzen aufstellen, in dessen Besitz alle Angestellten sein müssen. An externe Kompetenzangebote und interne Kompetenzkonzepte denken. Strategisch in Bezug darauf denken, wem welche Kompetenzerweiterung zugutekommen soll.

15. Einen Plan dafür aufstellen, wie wir von anderen Kindertagesstätten in der Kommune lernen können – alles, von Tipps bis hin zum Erlernen von pädagogischen Kenntnissen. Zum Beispiel Hospitationen, Studienbesuche usw.

Ich leite eine Kita

Fischgrätendiagramm

Themen: ⇨ Analyse, Bewertung, Reflexion und Auswertung ⇨ Problemlösung

Was ist ein Fischgrätendiagramm?

Das Fischgrätendiagramm wird auch als Ishikawa-Diagramm bezeichnet. Es liefert ein Bild von eventuellen Ursachen für ein Problem und wie diese zusammenhängen und sich auf das Ergebnis auswirken. Seinen Namen hat das Werkzeug seiner Ähnlichkeit mit einem Fischskelett zu verdanken.

Das „Rückgrat" des Diagramms zeigt in Richtung des zu beleuchtenden Problems. Die „Gräten" eines Fisches sind in der Regel als Ursachen in Bezug auf Menschen, Methoden, Material, Maschinen und Mitwelt/Umfeld organisiert. Man kann zum Beispiel auch die Worte „Kinder" und „Fertigkeiten" statt „Menschen" und „Methoden", und „Ausrüstung" und „Technik" statt „Material" und „Maschinen" einsetzen. Der Begriff Mitwelt umfasst sowohl die physische als auch die psychische Mitwelt.

Welchen Vorteil bietet das Fischgrätendiagramm?

Das Fischgrätendiagramm wird eingesetzt, um wahrscheinliche Ursachen für ein Problem oder etwas anderes zu finden, was erforderlich ist, um ein gewünschtes Ergebnis zu erzielen. Die grafische Gestaltung des Diagramms ermöglicht es, große Informationsmengen im Zusammenhang mit einem Problem zu organisieren und wahrscheinliche Ursachen herauszuschälen. Das Diagramm ermuntert auch zur Untersuchung von Ursachen auf vielen Ebenen, was wiederum die Chancen dafür erhöht, herauszufinden, was die stärksten Auswirkungen auf das Ergebnis hat.

Wann kann das Fischgrätendiagramm eingesetzt werden?

Das Fischgrätendiagramm kann zur Lösung unerwartet eingetroffener, komplizierter Probleme oder alltäglicher Probleme eingesetzt werden, die es in den meisten Unternehmen gibt. In Kindertagesstätten findet das Fischgrätendiagramm zum Beispiel Anwendung, um herauszufinden, weshalb Kinder während der Mahlzeiten unruhig sind, weshalb der Lärmpegel in der Garderobe so hoch ist und weshalb nur so wenige Eltern zu den Elternversammlungen kommen.

Eine einfache Faustregel dafür, wann das Fischgrätendiagramm eingesetzt werden kann, gilt, wenn Sie die folgenden Fragen mit „Ja" beantworten können:

1. Besteht Bedarf daran, die Hauptursachen für ein Problem zu finden?
2. Gibt es viele verschiedene Ideen oder Meinungen zu den Ursachen eines Problems?

Wie wird das Fischgrätendiagramm angefertigt?

1. Wählen Sie einen Gruppenleiter. Dem Gruppenleiter obliegt die Zuständigkeit, die Gruppe Schritt für Schritt zu einem fertigen Fischgrätendiagramm zu führen. Die Anzahl der Gruppenmitglieder sollte zwischen vier und sieben betragen. Es können auch mehr sein, aber dabei sollte man beachten, dass sich leicht Untergruppen bilden könnten!

Methoden, Werkzeuge und Vorlagen

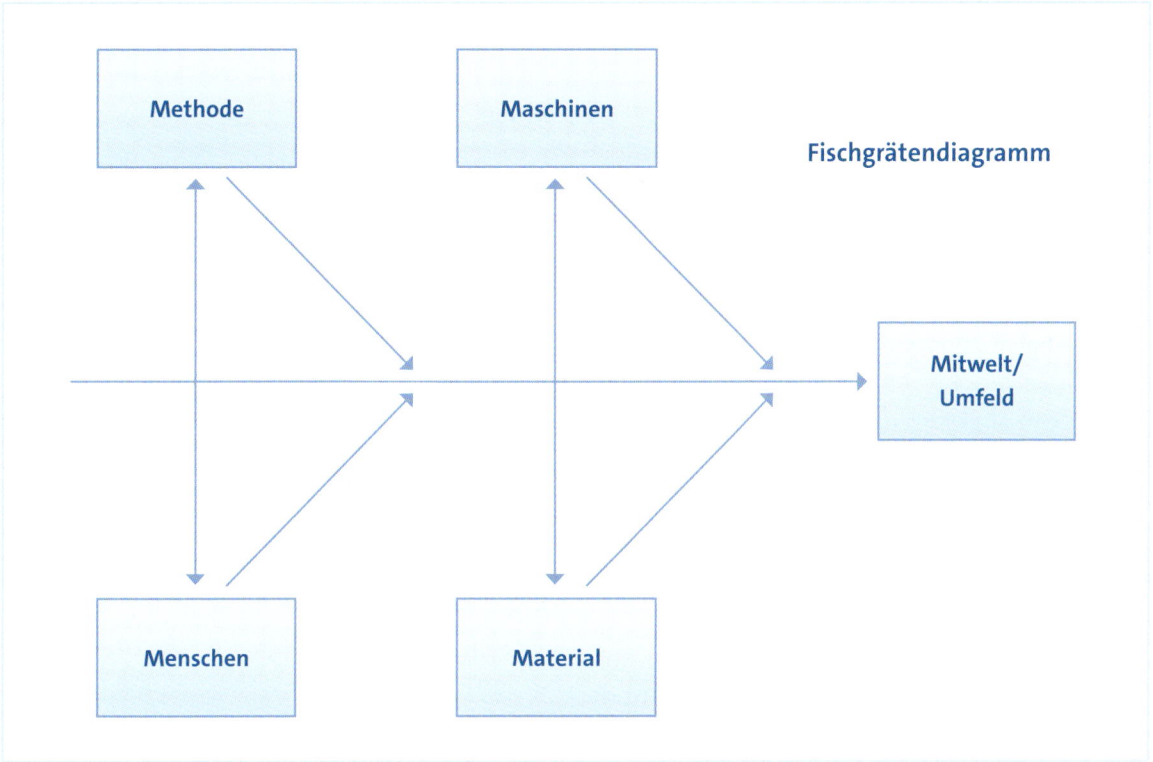

2   Identifizieren Sie das Problem. Setzen Sie mindestens fünf Minuten an, um sich darauf zu einigen, worin das Problem Ihrer Meinung nach besteht. Das Problem muss konkret und spezifisch sein! Sorgen Sie dafür, dass alle dieselbe Auffassung vertreten, bevor Sie fortfahren.

3   Kleben Sie drei Flipchartblätter zusammen und hängen Sie sie an die Wand, eine Tafel oder ähnliches. Notieren Sie das Problem, das Sie erarbeitet haben, ganz rechts außen mit Marker. Zeichnen Sie ein Viereck um das Problem herum – dies soll der „Kopf" des Fisches sein. Zeichnen Sie das Rückgrat des Fisches, danach die Hauptgräten, und bringen Sie die „Merkzettel" darauf an: Menschen, Maschinen, Material, Methoden und eventuell Mitwelt. Menschen und Methoden müssen stets einander gegenübergestellt werden, dasselbe gilt für Maschinen und Material. Es ist allerdings auch wichtig zu beachten, dass dies nicht die einzige Vorgehensweise ist. Wie bereits oben erwähnt, ist es ebenfalls akzeptabel, passendere Begriffe auszuwählen, auch wenn Sie sich dabei etwas von der ursprünglichen und erprobten Methodik entfernen sollten.

4   Beginnen Sie mit dem Brainstorming, um die Ursachen für das Problem zu finden. Denken Sie daran, sich ausschließlich auf Ursachen zu konzentrieren, nicht auf Lösungen. Vermeiden Sie Sätze, die bereits Lösungsvorschläge beinhalten, wie zum Beispiel: „Wir benötigen neue Ausrüstung." Die Lösungen soll man finden, nachdem die Ursachen geklärt wurden – nicht eher. Verteilen Sie Post-it-Zettel und etwas zum Schreiben. Notieren Sie nur eine einzige Idee oder eine Maßnahme auf jeden Klebezettel. Formulieren Sie ganz konkret, und vermeiden Sie Stichworte und Abkürzungen – formulieren Sie am besten ganze Sätze, damit Sie deren Bedeutung auch später noch verstehen. Jedes Gruppenmitglied notiert Ursachen – einen gelben Zettel für jede Idee – und bringt den Zettel am Flipchart unter der Fischgräte an, von der man selbst meint, dass sie sich am besten dazu eignet. Setzen Sie diesen Prozess fort, bis alle Ideen vorgebracht wurden. Sollten

Ich leite eine Kita

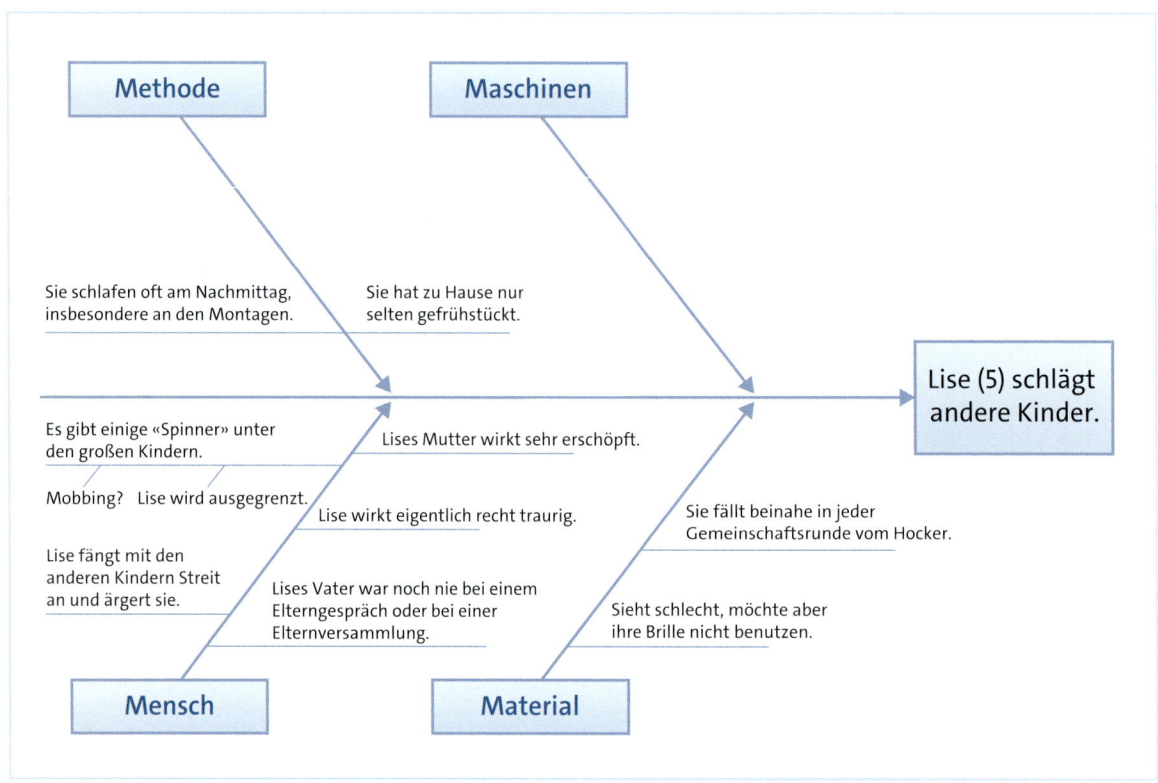

In diesem Fischgrätendiagramm haben sich die Angestellten des Betriebes mit eventuellen Ursachen dafür beschäftigt, weshalb Lise andere Kinder schlägt.

einem Teilnehmer die Ideen ausgegangen sein, ist dies Anlass dazu, auszusetzen und den „Ball" an das nächste Gruppenmitglied weiterzugeben. Sind allen die Ideen ausgegangen, werden Sie wahrscheinlich dann neue Ideen bekommen, wenn Sie nach dem Weshalb fragen. In einer Kindertagesstätte, mit der wir zusammengearbeitet haben, hat eine Gruppe Folgendes erarbeitet: „Widerstand gegen Veränderungen" unter dem Merkzettel „Menschen". Indem nach dem Weshalb gefragt wurde, wurden neue Ideen, wie zum Beispiel „Mangel an Information" und „Mangel an Kenntnissen" geboren. Diese untergeordneten Ursachen sind dann als kleinere Fischgräten anzubringen, die mit jener Ursache verknüpft werden, aus der heraus sie geboren wurden.

Die Regeln für das Brainstorming sind genau zu befolgen: Keine Idee darf kritisiert werden, alle müssen dieselbe Möglichkeit zum Vortragen ihrer Ideen haben – Quantität geht vor Qualität, und Aufspringen auf die Ideen der anderen ist gut! Denken Sie daran, dass Sie für das Brainstorming nicht viel mehr als 15 bis 20 Minuten brauchen sollten. Wenn alle denkbaren Ursachen notiert sind, sollen die Teilnehmer zum Flipchart gehen und die Zettel dorthin verschieben, wohin sie ihrer Ansicht nach gehören.

Es ist erlaubt, die Zettel anderer zu verschieben. Erst wenn Uneinigkeit über die Platzierung eines Zettels besteht und dieser hin- und hergeschoben wird, darf man damit beginnen, sich über die Platzierung zu unterhalten und Argumente dafür oder dagegen vorzubringen. Es besteht keine Forderung nach einem Konsens, und bei Uneinigkeit kann eine Abstimmung durchgeführt werden. Abstimmungsverfahren werden in diesem Buch ab S. 130 aufgeführt. Sollten sich die wahrscheinlichsten Ursachen auf der Achse Mensch–Methode befinden, haben Sie möglicherweise eine organisatori-

Methoden, Werkzeuge und Vorlagen

Kommunikation

In unserer Kindertagesstätte ist dies unserer Meinung nach wichtig, wenn die Erwachsenen mit den Kindern sprechen müssen:

- Lassen Sie die Kinder ausreden – nicht unterbrechen.
- Wiederholen Sie, was das Kind gesagt hat, um sicherzustellen, dass Sie alles verstanden haben.
- Wiederholen Sie Geräusche (bei Kleinkindern).
- Seien Sie vorsichtig mit Ironie.
- Dem Kind nicht nur Ansprachen halten.
- Reagieren Sie auf die Einladung eines Kindes und haken Sie nach.
- Halten Sie Blickkontakt.
- Sorgen Sie dafür, dass zwischen dem, was gesagt wird, und unserer Körpersprache Einklang besteht.
- Benutzen Sie eine einfache und deutliche Sprache.
- Benutzen Sie anschauliche Begriffe zur Visualisierung der Sprache.
- Beantworten Sie Fragen und haken Sie nach, wenn Sie sich auf etwas geeinigt haben.
- Beschreiben Sie mit Worten, was wir tun/sehen.

In unserer Kindertagesstätte ist dies unserer Meinung nach Kommunikation:

- Körpersprache: Mimik, Stimmlage, Sprechgeschwindigkeit, Lautstärke beim Sprechen, Sachverhalte
- Es gibt etwas, was zwischen zwei oder mehreren Personen geschieht
- Etwas gemeinsam machen
- Abwechselnd sprechen
- Blickkontakt halten
- Verbaler und nonverbaler Ausdruck zwischen zwei oder mehreren Personen, mit dem Ziel, Informationen auszutauschen
- Zuhören und Antworten geben

Interesse des Kindes wecken

- Dem Kind zuhören, ihm dabei helfen, Fokus und Konzentration auf ein Thema zu bewahren
- Aufmerksamkeit wecken über die starken „Kanäle" des Kindes (auditiv, visuell, nonverbal...)
- Fertigen Sie Lieder-/Reimhefte an, die für Kinder zugänglich sind.
- Setzen Sie Wortschatzbeutel ein.
- Abschirmung vor Lärm
- Lesen Sie in dafür geeigneten Räumen vor, in denen die Möglichkeit der Ruhe besteht.
- In Kleingruppen spielen, Geräte und sonstige Ausrüstung bereitstellen.

Perspektive des Kindes einnehmen

- Keine eigenen Gefühle oder Erlebnisse in das hineinlegen, was gesagt wird oder geschieht
- Benutzen Sie anschauliche Begriffe zur visuellen Verstärkung.

Seien Sie kreativer bei der nonverbalen Kommunikation.

- Durch Hinweise/Zeigen, Einsatz von Gesten...
- Geben Sie dem Kind Sätze. z.B.: „Kannst du mir den Käse reichen? Ja, gern."
- Das Kind muss die Möglichkeit erhalten, sich im Laufe der Zeit auf eine Sache zu konzentrieren.
- Motivieren Sie es im Laufe der Zeit dazu, ohne Unterbrechung bei einem Spiel zu bleiben. Schauen Sie zu, sprechen Sie darüber – Erwachsenenkontakt ist hier wichtig.

Beobachten/analysieren

- Finden Sie heraus, was das Kind bewältigt, und beginnen Sie davon ausgehend zu üben.
- Was fällt dem Kind besonders schwer und weshalb?
- Korrigieren Sie das Kind, indem Sie einen „Fehler" richtig wiederholen.
- Holen Sie das Kind aus der Gruppe, machen Sie etwas mit ihm allein oder zusammen mit einem anderen Kind.
- Keine Fragen stellen, wenn Sie nicht erwarten können, eine Antwort zu bekommen.
- Physische Fehler ausschließen

Auf diese Weise können wir in unserer Kindertagesstätte eine optimale Kommunikation gewährleisten.

In unserer Kindertagesstätte können wir es auf diese Weise arrangieren, wenn es dem Kind nicht gelingt, optimal zu kommunizieren.

So hat eine Kindertagesstätte das Fischgrätendiagramm eingesetzt, nachdem man sich dort mit Kommunikation in den unterschiedlichsten Formen beschäftigt hatte. Auf diese Weise kann man leichter erkennen, wie die Dinge zusammenhängen.

sche Ursache für das Problem und müssen mit der Art und Weise der Organisation oder Ausführung der Arbeit fortfahren. Sollten sich die wahrscheinlichsten Ursachen auf der Achse Maschinen–Material befinden, handelt es möglicherweise um Fehler/Mängel an Ausrüstung oder Material, also um eine technische Ursache.

Schreiben Sie Datum und Namen der Gruppenmitglieder auf das Arbeitsblatt.

Wie zieht man aus dem Fischgrätendiagramm den größtmöglichen Nutzen?

Ein vollständiges Fischgrätendiagramm enthält eventuelle Ursachen, die mehr oder weniger als Hauptursachen wahrscheinlich sind. Diese sollten ausgehend von der Meinung der Gruppe in einer „Wahrscheinlichkeitsrangfolge" angeordnet werden. Jedes Gruppenmitglied verfügt über 5 + 4 + 3 + 2 + 1 Punkte. Fünf Punkte sind am wichtigsten. Alle Teilnehmer der Gruppe markieren mit Bleistift ihre Punkte auf den Zetteln, die die wahrscheinlichsten Ursachen beschreiben. Zählen Sie die Punkte zusammen und bringen Sie eine Markierung in Form eines Rings um jene Zettel herum an, an die Punkte vergeben wurden: Ein roter Ring um die Zettel mit den meisten, ein blauer um Nr. 2 und ein grüner um Nr. 3.

Das Fischgrätendiagramm lässt sich auch für andere Zwecke als die Suche nach den Ursachen für ein Problem einsetzen. Durch die deutliche Form des Fischgrätendiagramms eignet es sich gut als Instrument zur Visualisierung. Das Ergebnis eines Verwandtschaftsdiagramms lässt sich dadurch „lesbarer" gestalten, dass die verschiedenen verwandten Aspekte in die Fischgräten hineingesetzt werden.

Methoden, Werkzeuge und Vorlagen

Fischgrätendiagramm: Kommunikation

In unserer Kindertagesstätte ist dies unserer Meinung nach Kommunikation:

- Körpersprache: Mimik, Stimmlage, Sprechgeschwindigkeit, Lautstärke beim Sprechen, Sachverhalte
- Es gibt etwas, was zwischen zwei oder mehreren Personen geschieht
- Abwechselnd sprechen
- Etwas gemeinsam machen
- Blickkontakt halten
- Zuhören und Antworten geben
- Verbaler und nonverbaler Ausdruck zwischen zwei oder mehreren Personen, mit dem Ziel, Informationen auszutauschen

Interesse des Kindes wecken

- Dem Kind zuhören, ihm dabei helfen, Fokus und Konzentration auf ein Thema zu bewahren
- Aufmerksamkeit wecken über die starken „Kanäle" des Kindes (auditiv, visuell, nonverbal...)
- Setzen Sie Wortschatzbeutel ein.

Perspektive des Kindes einnehmen

- Keine eigenen Gefühle oder Erlebnisse in das hineinlegen, was gesagt wird oder geschieht
- Abschirmung vor Lärm
- Fertigen Sie Lieder-/Reimhefte an, die für Kinder zugänglich sind.
- Lesen Sie in dafür geeigneten Räumen vor, in denen die Möglichkeit der Ruhe besteht.

Benutzen Sie anschauliche Begriffe zur visuellen Verstärkung.

- In Kleingruppen spielen, Geräte und sonstige Ausrüstung bereitstellen

Auf diese Weise können wir in unserer Kindertagesstätte eine optimale Kommunikation gewährleisten.

In unserer Kindertagesstätte ist dies unserer Meinung nach wichtig, wenn die Erwachsenen mit den Kindern sprechen müssen:

- Lassen Sie die Kinder ausreden - nicht unterbrechen.
- Wiederholen Sie, was das Kind gesagt hat, um sicherzustellen, dass Sie alles verstanden haben.
- Seien Sie vorsichtig mit Ironie.
- Wiederholen Sie Geräusche (bei Kleinkindern).
- Dem Kind nicht nur Ansprachen halten.
- Reagieren Sie auf die Einladung eines Kindes und haken Sie nach.
- Halten Sie Blickkontakt.
- Sorgen Sie dafür, dass zwischen dem, was gesagt wird, und unserer Körpersprache Einklang besteht.
- Benutzen Sie eine einfache und deutliche Sprache.
- Benutzen Sie anschauliche Begriffe zur Visualisierung der Sprache.
- Beantworten Sie Fragen und haken Sie nach, wenn Sie sich auf etwas geeinigt haben.
- Beschreiben Sie mit Worten, was wir tun /sehen.

→ Kommunikation

- Seien Sie kreativer bei der nonverbalen Kommunikation.
- Beobachten / analysieren
- Durch Hinweise / Zeigen, Einsatz von Gesten...
- Finden Sie heraus, was das Kind bewältig, und beginnen Sie davon ausgehend zu üben.
- Was fällt dem Kind besonders schwer und weshalb?
- Geben Sie dem Kind Sätze. z.B.: „Kannst du mir den Käse reichen? Ja, gern."
- Korrigieren Sie das Kind, indem Sie einen „Fehler" richtig wiederholen.
- Das Kind muss die Möglichkeit erhalten, sich im Laufe der Zeit auf eine Sache zu konzentrieren.
- Holen Sie das Kind aus der Gruppe, machen Sie etwas mit ihm allein oder zusammen mit einem anderen Kind.
- Motivieren Sie es im Laufe der Zeit dazu, ohne Unterbrechung bei einem Spiel zu bleiben. Schauen Sie zu, sprechen Sie darüber - Erwachsenenkontakt ist hier wichtig.
- Keine Fragen stellen, wenn Sie nicht erwarten können, eine Antwort zu bekommen.
- Physische Fehler ausschließen

In unserer Kindertagesstätte können wir es auf diese Weise arrangieren, wenn es dem Kind nicht gelingt, optimal zu kommunizieren.

So hat eine Kindertagesstätte das Fischgrätendiagramm eingesetzt, nachdem man sich dort mit Kommunikation in den unterschiedlichsten Formen beschäftigt hatte. Auf diese Weise kann man leichter erkennen, wie die Dinge zusammenhängen.

sche Ursache für das Problem und müssen mit der Art und Weise der Organisation oder Ausführung der Arbeit fortfahren. Sollten sich die wahrscheinlichsten Ursachen auf der Achse Maschinen–Material befinden, handelt es möglicherweise um Fehler/Mängel an Ausrüstung oder Material, also um eine technische Ursache.

Schreiben Sie Datum und Namen der Gruppenmitglieder auf das Arbeitsblatt.

Wie zieht man aus dem Fischgrätendiagramm den größtmöglichen Nutzen?

Ein vollständiges Fischgrätendiagramm enthält eventuelle Ursachen, die mehr oder weniger als Hauptursachen wahrscheinlich sind. Diese sollten ausgehend von der Meinung der Gruppe in einer „Wahrscheinlichkeitsrangfolge" angeordnet werden. Jedes Gruppenmitglied verfügt über 5 + 4 + 3 + 2 + 1 Punkte. Fünf Punkte sind am wichtigsten. Alle Teilnehmer der Gruppe markieren mit Bleistift ihre Punkte auf den Zetteln, die die wahrscheinlichsten Ursachen beschreiben. Zählen Sie die Punkte zusammen und bringen Sie eine Markierung in Form eines Rings um jene Zettel herum an, an die Punkte vergeben wurden: Ein roter Ring um die Zettel mit den meisten, ein blauer um Nr. 2 und ein grüner um Nr. 3.

Das Fischgrätendiagramm lässt sich auch für andere Zwecke als die Suche nach den Ursachen für ein Problem einsetzen. Durch die deutliche Form des Fischgrätendiagramms eignet es sich gut als Instrument zur Visualisierung. Das Ergebnis eines Verwandtschaftsdiagramms lässt sich dadurch „lesbarer" gestalten, dass die verschiedenen verwandten Aspekte in die Fischgräten hineingesetzt werden.

Lotusdiagramm

Themen: ⇨ Planung ⇨ Qualitätsentwicklung ⇨ Elternzusammenarbeit

Was ist Lotus?

Ein Lotusdiagramm ist sowohl ein kreatives Werkzeug als auch ein Werkzeug zur Planung. Es kann sowohl zur Systematisierung von Ideen als auch zur Verteilung von Aufgaben, zur Schaffung von Struktur und Überschaubarkeit eingesetzt werden. Lotus hat üblicherweise DIN-A4-Format, lässt sich aber auch problemlos auf DIN-A3 vergrößern.

Welchen Vorteil bietet Lotus?

Lotus kann von jemandem allein oder in einer kleinen Gruppe eingesetzt werden. Es ist leicht in Gebrauch zu nehmen, und man braucht weder viel Ausrüstung noch viel Platz. Die Arbeit wird rasch strukturiert, und es ist einfach, im Nachhinein einen Maßnahmenplan aufzustellen.

Wann kann Lotus eingesetzt werden?

Lotus hat viele Anwendungsbereiche und lässt sich in allen möglichen Zusammenhängen einsetzen: von der Planung großer Projekte über Mußestunden in der Kindertagesstätte bis hin zu Ausflügen. Auf S. 88 folgen zwei Beispiele.

In dem ersten Beispiel hat eine Abteilung mit der Planung begonnen, wie man bei Drei- bis Vierjährigen Körper und Sinne stimulieren könnte.

In dem nächsten Beispiel hat die Kindertagesstätte mit der Planung von Ausflügen begonnen: was die Kinder machen, wohin sie fahren und was sie lernen sollen.

7.7	7.8	7.1	8.7	8.8	8.1	1.7	1.8	1.1
7.6		7.2	8.1		8.2	1.6		1.2
7.5	7.4	7.3	8.5	8.4	8.3	1.5	1.4	1.3
6.7	6.8	6.1	7	8	1	2.7	2.8	2.1
6.6		6.2	6		2	2.6		2.2
6.5	6.4	6.3	5	4	3	2.5	2.4	2.3
5.7	5.8	5.1	4.7	4.8	4.1	3.7	3.8	3.1
5.6		5.2	4.6		4.2	3.6		3.2
5.5	5.4	5.3	4.5	4.4	4.3	3.5	3.4	3.3

Ich leite eine Kita

7.7	7.8	7.1	8.7	8.8	8.1	1.7 Bewegungs-lieder, Kopf, Schulter	1.8 Ver-kleiden	1.1 Chiffon-Halstuch
7.6		7.2	8.1		8.2	1.6 Hoci Hottentott	TANZ	1.2 Musik
7.5	7.4	7.3	8.5	8.4	8.3	1.5 Reigen tanzen	1.4 Fall-Schirm	1.3 Instrumente
6.7	6.8	6.1 Mittel-stürmer	7 Seit-springen	8 Ball-spiele	1 Tanz	2.7 Skiausflug	2.8 Hütten-Tour	2.1 auf Bäume klettern
6.6	FUSS-BALL	6.2 Tore schießen	6 kicken	KÖRPER + SINNE STIMULIEREN	2 Wald	2.6 Bergaus-flug	WALD	2.2 Balance-übung
6.5	6.4 Straßen-fußball	6.3 Ball fangen	5 Rad-fahren	4 über Steine im Watt laufen	3 Balancieren	2.5 Hänge-matte	2.4 über un-bekanntes Ge-lände gehen	2.3 im Gras herum-tollen
5.7 Seil-springen	5.8	5.1 Fahrrad	4.7	4.8	4.1 Muscheln auflesen	3.7	3.8	3.1 Organi-sierte Spiele in der Kita
5.6 Scheiben-schießen	ORIENTIE-RUNGS-LAUF	5.2 Balance Kind	4.6 Steine werfen	WATT	4.2 Wasser erkennen	3.6 über Reifen laufen	BALAN-CIEREN	3.2 in hoch-hackigen Schuhen laufen
5.5 Werfen	5.4 Gewichte	5.3 Orientie-rung	4.5 Riechen/ Schnuppern	4.4 Barfuß laufen	4.3 Angeln	3.5 auf den „Berg" klettern	3.4 auf Bäume klettern	3.3 im Watt herumgehen

7.7 Hütte/Wind-schutzhütte bauen	7.8 Malen	7.1 Musiksamm-lung	8.7 Frühling	8.8 Herbst	8.1	1.7 Blumen	1.8 Bäume	1.1 Pilze
7.6 Brettspiele	Aktivitäten	7.2 Theater/ Schauspiel	8.1 Winter	Jahreszeiten	8.2	1.6 Tierleben im Wald	Kompetenz	1.2 Leben im Watt
7.5 Motorische Spiele	7.4 Orientierung	7.3 Schatzsuche	8.5 Sommer	8.4	8.3	1.5 Bären	1.4 Vogelarten	1.3 Insekten
6.7 Kakao	6.8 Schatzkiste	6.1 Fischstäbchen	7 Aktivitäten	8 Jahreszeiten	1 Kompetenz	2.7 Bücher	2.8 Camping-kocher	2.1 Kletterseil
6.6 Pfannkuchen	Essen	6.2 Fischsuppe	6 Essen	2 Ausflug	2 Ausrüstung	2.6	Ausrüstung	2.2 Schnitzmesser
6.5 Eintopf	6.4 Labskaus	6.3 Brot am Spieß grillen	5	4 Nähere Umgebung	3	2.5 Säge	2.4 Hammer	2.3 Nägel
5.7	5.8	5.1	4.7 Park	4.8 Einrichtungen	4.1 Bibliothek	3.7	3.8	3.1
5.6		5.2	4.6 Schwimmbad	Nähere Umgebung	4.2 Spielplatz	3.6		3.2
5.5	5.4	5.3	4.5 See	4.4 Wald	4.3 Mueum	3.5	3.4	3.3

Beispiele für Lotusdiagramme

Wie wird Lotus angefertigt?

Sofern eine Gruppe mit Lotus arbeitet, muss nur einer der Teilnehmer schreiben. Es ist zweckmäßig, einen Bleistift zu benutzen! Beginnen Sie in der Mitte des Lotusdiagramms. Hier muss die Aufgabe stehen, zum Beispiel: „Aktivitäten mit Dreijährigen". Gehen Sie in das nächste Feld. Beginnen Sie mit Ring Nr. 1 und fahren Sie im Uhrzeigersinn fort, wodurch Sie zum Schluss in Ring Nr. 8 enden könnten, sofern Sie so viele Hauptpunkte haben. In Ring Nr. 2 kann zum Beispiel stehen: „Wasser".

Es gibt nichts, was mit Lotus schwierig wäre, aber es ist vernünftig, Bleistift und Radiergummi zu benutzen. Denn es ist schnell passiert, dass man am Anfang zu detailliert ist. Erst im Zuge der Gestaltung des Lotusdiagramms soll der Detailreichtum hinzukommen.

Wenn Sie die erforderlichen Hauptpunkte ausgefüllt haben, gehen Sie zum nächsten Feld weiter. Beginnen Sie damit, „Wasser" in den neuen Ring Nr. 2 zu verlagern und tragen Sie interessante Maßnahmen ein: alles, was Ihnen einfällt und was sich gut machen lässt, ab Nr. 2.1 und weiter im Uhrzeigersinn bis einschließlich Nr. 2.8.

7 Informationen für die Eltern	8 Dokumentation	1 Musik, Tanz & Gesang
6 Bücher	*Aktivitäten mit Dreijährigen*	2 *Wasser*
5 Liederspiele	4 Essen	3 Werkunterricht

2.7 Zur Fischhalle gehen, um Fisch zu kaufen	2.8 Großreinemachen in der Abteilung zusammen mit den Gruppen	2.1 Ausflüge zum Strand, um zu angeln und Muscheln zu sammeln
2.6 Zur Zoohandlung gehen, um sich die Fische im Aquarium anschauen	**Wasser**	2.2 Ausflüge zum Teich, um Kaulquappen zu fangen
2.5 Wasser aufkochen, Dampf anschauen und wieder in Wasser zurückverwandeln	2.4 Auf die Brücke gehen, um sich Boote anzuschauen	2.3 Mit Seifenblasen spielen

7.7	7.8	7.1	8.7	8.8	8.1	1.7	1.8	1.1
7.6		7.2	8.1		8.2	1.6		1.2
7.5	7.4	7.3	8.5	8.4	8.3	1.5	1.4	1.3
6.7	6.8	6.1	7 Informationen für die Eltern	8 Dokumentation	1 Musik, Tanz & Gesang	2.7 Zur Fischhalle gehen, um Fisch zu kaufen	2.8 Großreinemachen in der Abteilung zusammen mit den Gruppen	2.1 Ausflüge zum Strand, um zu angeln und Muscheln zu sammeln
6.6		6.2	6 Bücher	Aktivitäten mit Dreijährigen	2 Wasser	2.6 Zur Zoohandlung gehen, um sich die Fische im Aquarium anschauen	Wasser	2.2 Ausflüge zum Teich, um Kaulquappen zu fangen
6.5	6.4	6.3	5 Liederspiele	4 Essen	3 Werkunterricht	2.5 Wasser aufkochen, Dampf anschauen und wieder in Wasser zurückverwandeln	2.4 Auf die Brücke gehen, um sich Boote anzuschauen	2.3 Mit Seifenblasen spielen
5.7	5.8	5.1	4.7	4.8	4.1	3.7	3.8	3.1
5.6		5.2	4.6		4.2	3.6		3.2
5.5	5.4	5.3	4.5	4.4	4.3	3.5	3.4	3.3

Ich leite eine Kita

7.7	7.8	7.1	8.7	8.8	8.1	1.7	1.8	1.1 Muss Zeitpunkt ändern können
7.6		7.2	8.1		8.2	1.6	Flexibilität	1.2 Gesondertes Gespräch, je nach Bedarf
7.5	7.4	7.3	8.5	8.4	8.3	1.5	1.4	1.3
6.7	6.8	6.1	7	8	1 Flexibilität	2.7 Mit wem spielen sie?	2.8 Sind sie nett?	2.1 Wie kommen sie zurecht?
6.6		6.2	6	Elterngespräche	2 Entwicklung	2.6 Rückmeldungen: + und −	Entwicklung	2.2 Was ist seit dem letzten Mal passiert?
6.5	6.4	6.3	5 Kommunikation	4 Information	3 Vorbereitung	2.5 Altersgemäß	2.4 Verhalten/Benehmen	2.3 Haben sie es nötig, etwas zu üben?
5.7	5.8	5.1 Gute Zeit!	4.7	4.8	4.1 Möchte wissen, was alle – auch die Assistenten – meinen	3.7	3.8	3.1 Formulare bereits im Voraus bekommen
5.6 Sich darauf einigen, was wir zusammen tun können	Kommunikation	5.2 Anleitung, wenn wir diese benötigen	4.6	Information	4.2 Gut, Infos zu bekommen. Von Gesprächen mit Kindern	3.6	Vorbereitung	3.2 Stichworte, die wir zu Hause besprechen
5.5 Gibt es etwas, was wir anders machen sollten?	5.4 Dieselbe Person über mehrere Gespräche	5.3 Ehrlichkeit	4.5	4.4	4.3	3.5	3.4	3.3 Gewinnbringend, vorbereitet zu sein

Oben:
In dem Beispiel wird Lotus bei einer Elternversammlung eingesetzt. Gruppen von jeweils drei Eltern haben zusammengearbeitet, um herauszufinden, was sie sich wünschen, damit die Elternversammlungen für sie optimal werden.

Unten:
Kinder können Lotus ebenfalls einsetzen. Hier hat die Vorschulgruppe mit Farben und feinmotorischen Aktivitäten wie Ausschneiden und Kleben gearbeitet.

Methoden, Werkzeuge und Vorlagen

Nr.	Maßnahme	Zuständigkeit	Frist	Kosten	√
2.1	Zeit ansetzen, Zeitpunkt für die Ausflüge festlegen. Zusätzliche Angelruten kaufen.	KAA	15.04		
2.2	Zeit ansetzen, genügend Kescher, Gläser finden. Aquarium vorbereiten und Fischfutter für die Kaulquappen kaufen.	TWA	01.05		
2.3	Zeit ansetzen, große Geräte für Luftblasenerzeugung.	TWA	01.06		
2.4	Datum festlegen; eine Zeit finden, wo viele verschiedene Boote einlaufen.	RH	01.05		
2.5	Machen Sie dies an einem Tag, an dem es draußen etwas kälter ist.	TWA	01.05		
2.6	Zeit ansetzen, Namen lernen, neue Fische einkaufen?	RH	01.06		
2.7	Zeit ansetzen, Kleingruppen mitnehmen, Namen lernen, Fisch auf dem Lagerfeuerplatz grillen?	UAH	15.06		

Aus dem Lotusdiagramm entwickelt sich ein Maßnahmenplan

Sollten Sie in einer Gruppe arbeiten, wird es klug sein, das strukturierte Brainstorming einzusetzen, in dessen Rahmen sich die Gruppenmitglieder nacheinander äußern und ihre Ideen laufend vermerkt werden. Das Beispiel auf S. 89 unten zeigt, wie Lotus aussieht, wenn ein Teil fertig ausgefüllt ist. Dann braucht man nur noch auf dieselbe Weise mit den anderen Bereichen fortzufahren.

Nicht immer werden alle Felder in Lotus ausgefüllt. Manchmal benötigt man vielleicht zwei Diagramme, damit alle Ideen berücksichtigt werden können.

Wie zieht man aus Lotus den größtmöglichen Nutzen?

Wenn das Diagramm fertig ausgefüllt ist, wird es viele Ideen/Vorhaben/Maßnahmen dafür enthalten, was getan werden muss. Jeder der Punkte unter Lotus lässt sich daher vorteilhaft in einen Maßnahmenplan übertragen, aus dem sowohl Zuständigkeiten als auch Fristen für die Durchführung hervorgehen.

Ich leite eine Kita

Minilotus

Themen: ⇨ Qualitätsentwicklung ⇨ Planung
⇨ Werkzeuge für Kinder, die gemeinsam mit Erwachsenen eingesetzt werden

Was ist Minilotus?

Minilotus ist ein äußerst simples Planungswerkzeug. Es besteht aus acht „Kästchen", die sich für eine Fragestellung, ein Problem, eine Herausforderung oder eine Aufgabe ausfüllen lassen. Minilotus lässt sich auch als Anleitung durchführen: Erst wird das und das gemacht, dann das und so weiter und so fort …

Wann kann Minilotus eingesetzt werden?

Hier ist es nur die Phantasie, die Grenzen setzt. Minilotus lässt sich in allen möglichen Situationen einsetzen. Auch Kita-Kinder können Minilotus einsetzen; es passt sehr gut in die Vorschulgruppe hinein.

Welchen Vorteil bietet Minilotus?

Minilotus ist äußerst simpel; es ist strukturiert und bei der Aufrechterhaltung der Fokussierung behilflich.

Dieses Beispiel entstammt der Kindertagesstätte Daggry, die Vier- bis Fünfjährige gefragt hat, womit sie sich gern in der Vorweihnachtszeit beschäftigen möchten. Dabei fielen Schlagworte wie „Weihnachtsfilm", „Pfefferkuchen", „Weihnachtslieder" und „Geschenke".

Methoden, Werkzeuge und Vorlagen

Ideenkarte für Projekt in der Abteilung „Ginsten" im Frühjahr 2014 – Gibt es Trolle?

7. WAS IST EIN TROLL?

- Steintrolle
- Holztrolle
- Hexentrolle

Können wir Trolle in der freien Natur sehen? In den Wolken, in den Steinen, in den Bäumen, im Moor? Machen Sie Bilder und schauen Sie sich diese anschließend an. Besprechen Sie sie zusammen mit den Kindern. Können wir auf den Bildern irgendwelche Trolle erkennen? Suchen Sie Kunstbilder mit Trollen heraus (zum Beispiel von Theodor Kittelsen?)

8 REIME UND REGELN DAFÜR ANWENDEN:

«UM EIN UHR – SIND WIR SATT – UM ZWEI UHR – GEHEN WIR AUF'S KLO ...»
Singen: «Wenn die Uhr im Wald zwölf schlägt ...»
Finden Sie Reime und Regeln und Lieder, in denen von Trollen die Rede ist.

1 MATERIALIEN:

Ton, Maschendraht, ausschneiden und kleben; natürliche Materialien, Papier und Farbe finden: Lassen Sie die Kinder ihre eigenen Trolle erschaffen.
Setzen eigene Materialien ein
FOTOS UND KUNSTBILDER von ausgewähltem Material und T. Kittelsen als Inspiration für die Kinder.

6 DAS ATELIER:

Suchen Sie unterschiedliche Messwerkzeuge im Atelier hervor: Litermaß, Waage, Lineal.
Torhild geht die Materialien im Atelier durch. Entsorgt, was kaputt ist, besorgt Ton und bestellt neues von dem, was fehlt oder was von Sigrid/Mona ersetzt werden muss.

AUSDRUCKSPHASE:

Die Kinder werden in Projektgruppen (laut Wochenplan) eingeteilt. Jeder Projektleiter (Erwachsene) übernimmt die Verantwortung für das, was in der jeweils eigenen Gruppe geschehen soll. Kinder, die in keiner Projektgruppe sind, befinden sich an Spielstationen nach eigener Wahl.
Die Projektarbeit kann auch außerhalb der Gruppenzeit vonstattengehen, zum Beispiel zwei Kinder, die gern morgens an dem Troll-Thema arbeiten möchten.

2 MÄRCHEN, THEATER UND MUSIK

Entwickeln Sie eine Märchenerzählung zusammen mit den Kindern. Schreiben Sie sie auf. Setzen Sie sie in Szene. Musik: Vertonen Sie die Erzählung. Filmen Sie das Theaterstück, und zeigen Sie es auf der Ausstellung.
DOKUMENTATION:
Können wir ein Buch von Foto und Erzählung machen und es auf dem Sommerfest/der Ausstellung verkaufen??

5 HUMOR

Suchen Sie einige Witze aus, die für den Humor der Kinder in dieser Altersgruppe geeignet sind. ☺
«Zwei Zitronen gingen über die Straße. Eine von ihnen wurde überfahren. Da fragte die andere: Bist du jetzt sauer?»

4 BÜCHER: SUCHEN SIE SACHBÜCHER UND MÄRCHENBÜCHER HERAUS, DIE ZUM TROLL-THEMA PASSEN:

Trolle werden so wütend, dass sie platzen können. Können Trolle auch nett sein? Arbeiten mit Gefühlen – setzen Sie Gesprächskarten in den Mußestunden ein.

3 ARBEITEN SIE MIT ROUTINEABLÄUFEN, BEREITEN SIE DEN KINDERN ABER AUCH EINIGE GUTE UND INTERESSANTE TAGE.

Wir teilen uns von 10-11.15 Uhr in Gruppen auf ... – siehe Wochenplan
Morgendliche Versammlung:
Zwei feste Lieder: «ein kurzes und ein langes ...» und «Boogie-Woogie ...»
ARBEITEN MIT ZEIT:
BASTELN SIE EINE UHR, und stellen Sie sie visuell dar, wenn Zeit für das Essen, einen Ausflug, Unternehmungen, Toilettenzeit, Zeit im Freien usw. ist.

FESTER WOCHENRHYTHMUS: Montag und Dienstag: Projektgruppen-Akt. Mittwoch: Besprechungstag; Spielstationen. Donnerstag: Ausflugstag, Freitag: Küchengruppe. (+1 Projektgruppe?)

Die Kindertagesstätte Ask auf Askøy hat Minilotus eingesetzt, um ein Projekt mit der Bezeichnung „Gibt es Trolle?" zu planen.

Ich leite eine Kita

Krabben eingehender untersuchen? Wie hat es die Krabbe am liebsten? Essen, Wohnung, Mädchen/Junge, Kinder, macht sie in die Hose? Wie kann sie sehen? Ist sie essbar?	Seegras und Seetang: Können wir das zu etwas gebrauchen? Als Dünger für den Kräutergarten sammeln? Weshalb wächst das im See?	Was haben wir in der Vergangenheit gegessen? Salz aus dem Meer, Fisch, Tang? Haben wir andere Dinge aus der Natur gegessen (zum Beispiel Rinde von den Bäumen)?
Was lebt im See und am Ufer? Alles Lebendige im Watt anschauen. Unsere Anschauungstafel betrachten und schauen, ob wir herausfinden, was sie uns zeigt.	**UMWELTSCHUTZ AM SEE**	Künstler: Chris Jordan. Was glauben wir, hat der Künstler sich gedacht, als er die Bilder von den Vögeln machte, die starben, weil sie Kunststoff gefressen hatten?
Abfall. Was ist Abfall? Woher kommt er? Was können wir tun, um weniger Abfall zu produzieren? Was ist das gute an Abfall? Was ist das Schlechte an Abfall?	Verpackungen. Brauchen wir sie eigentlich? Wozu können wir sie brauchen? Können Kinder zu bewussten Verbrauchern werden? Können sie die Eltern beeinflussen?	Theater spielen, Musik machen und kleine Spielstationen einrichten – inspiriert von der Meeres-/Strandumwelt

Aus derselben Kindertagesstätte stammt das Projekt „Umweltschutz am See": Was möchtet ihr herausfinden, worüber soll reflektiert werden und was möchtet ihr tun?

Minilotus: Hier präsentieren zwei Sechsjährige sich selbst und ihre Familien.

Methoden, Werkzeuge und Vorlagen

Gedächtnislandkarte

Themen: ⇨ Planung ⇨ Qualitätsentwicklung

Was ist eine Gedächtnislandkarte?

Eine Gedächtnislandkarte ist ein kreatives Werkzeug, das sich unter anderem zur Systematisierung von Ideen einsetzen lässt. Es lässt sich auch zur Planung und Verteilung von Aufgaben einsetzen.

Welchen Vorteil bietet die Gedächtnislandkarte?

Die Gedächtnislandkarte ist leicht einzusetzen und kann allein oder in einer kleinen Gruppe benutzt werden.

Wann kann die Gedächtnislandkarte eingesetzt werden?

Die Gedächtnislandkarte kann eingesetzt werden, um etwas zu notieren, woran man sich im Hinblick auf eine Projektarbeit oder eine Vorlesung, an der man teilgenommen hat, erinnern sollte. Sie lässt sich auch wunderbar einsetzen, um Ideen für etwas zu sammeln, was geschehen oder getan werden muss.

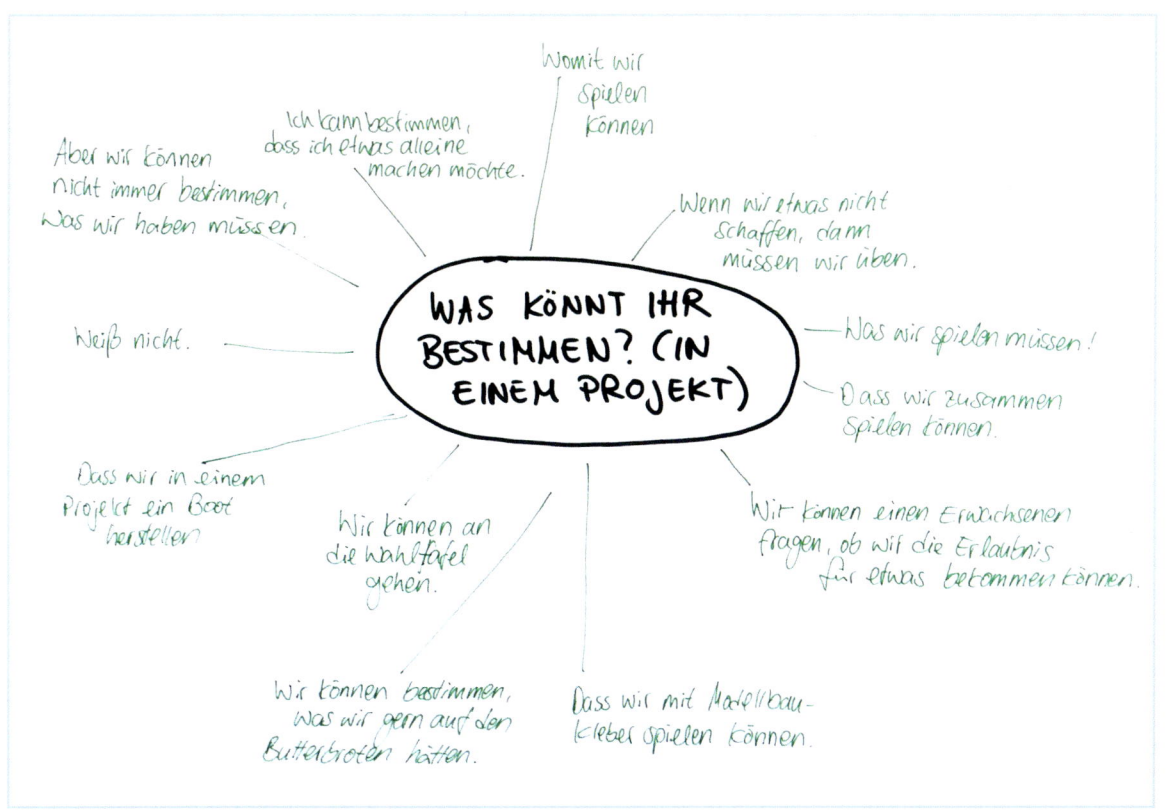

In dem Beispiel wurden Kinder danach gefragt, was sie bestimmen dürfen, während sie an Projekten arbeiten sollen. Zwar hat ein Erwachsener die Gedächtnislandkarte für sie angefertigt, aber die Gedanken selbst haben die Kinder vorgetragen.

Ich leite eine Kita

Wie wird eine Gedächtnislandkarte angefertigt?

1 Gehen Sie von einer bestimmten Aufgabe oder einem Thema aus, und vertiefen Sie diese.

2 Nehmen Sie ein leeres DIN-A4-Blatt oder, wenn die Aufgabe von einer Gruppe gelöst werden soll, ein größeres Blatt, am besten in Flipchart-Größe. Halten Sie verschiedene Farben bereit.

3 Schreiben Sie ein Wort, das die Aufgabe symbolisiert, in die Mitte des Blattes, und zeichnen Sie einen Ring darum. Fertigen Sie Zweige vom mittleren Kreis aus an.

4 Je nachdem, wie die Assoziationen auftauchen, werden Sie auf die Zweige geschrieben. Schreiben Sie nur ein Wort auf jede Linie, und setzen Sie verschiedene Farben ein. Dadurch wird es einfacher, Wörter zu finden, die auf natürliche Weise zusammengehören. Fertigen Sie kleinere, von den Hauptzweigen ausgehende Zweige an, wenn Bedarf daran besteht.

5 Zwischen Zweigen, die auf natürliche Weise zusammengehören, müssen Verbindungslinien gezogen sein. Achten Sie darauf, dass die Linien nicht zwischen den Zweigen, sondern an deren Außenseite gezogen werden. Man verliert leicht den Überblick, wenn es zu kompliziert wird.

6 Es ist auch möglich, statt der Worte Symbole zu zeichnen oder zu schreiben. Diese müssen klar und eindeutig sein, damit deren Bedeutung auch später noch offensichtlich ist.

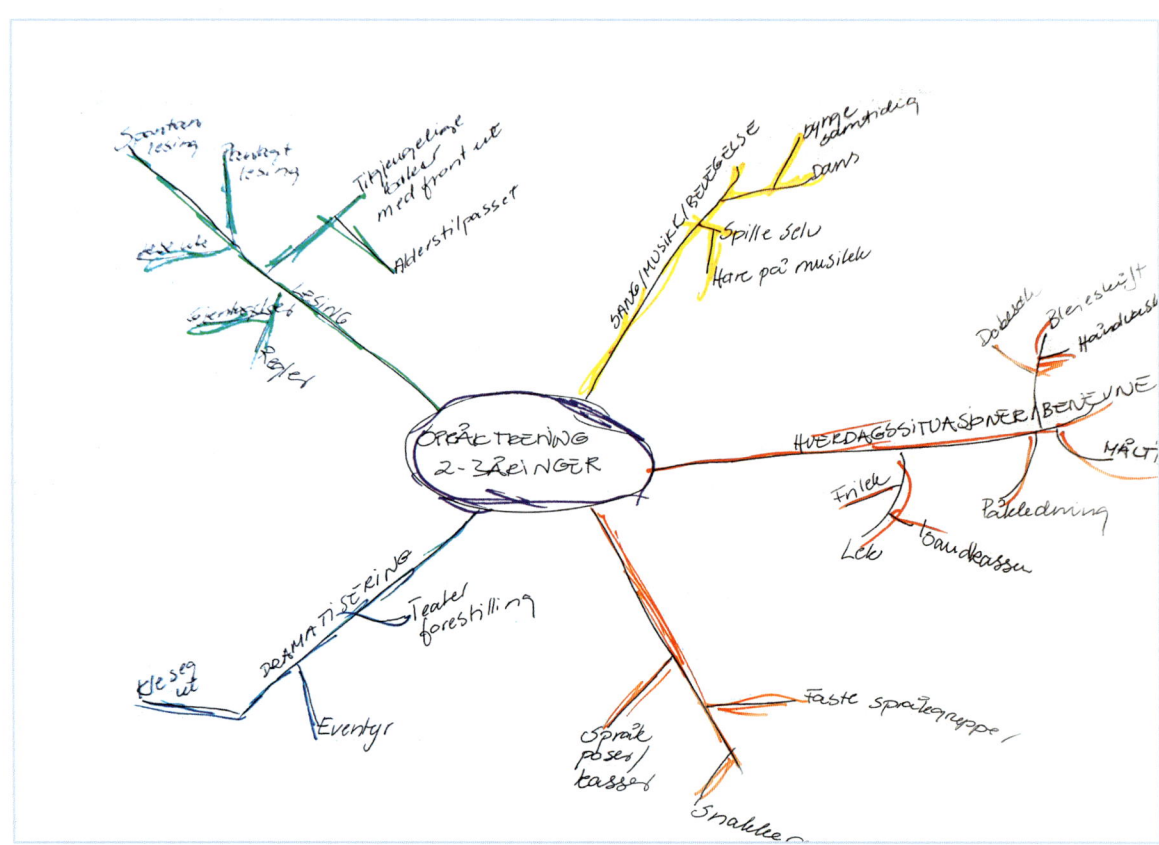

Das Beispiel zeigt Ideen für Spracharbeit mit kleinen Kindern. Es fallen Stichworte wie: „Spontanes Lesen/geplantes Lesen", „Lesewoche", „Musik hören", „Tanz", „Freispiel", „Theaterstücke" und „Märchen".

Methoden, Werkzeuge und Vorlagen

Prozessablaufplan

Themen: ⇨ Planung ⇨ Qualitätssicherung ⇨ Problemlösung

Was ist ein Prozessablaufplan?

Das Werkzeug möchte ein Bild von einem Prozess liefern, zum Beispiel von der Reihenfolge der Aufgaben, die im Rahmen eines Plans oder einer Arbeitsaufgabe zu erledigen sind. Es wird mithilfe von Kästchen und Pfeilen angefertigt, die symbolisieren, was in welcher Reihenfolge zu tun ist.

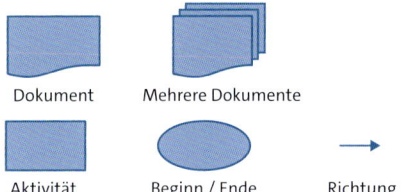

Wann können Prozessabklärung und Prozessverbesserung eingesetzt werden?

Wir empfehlen den Einsatz dieses Werkzeugs, wenn ein Prozess umfangreich und detailliert ist und gern auch länger andauert, zum Beispiel die Eingewöhnung von Kindern oder der Übergang von der Kindertagesstätte zur Schule. Dieses Werkzeug bildet mit anderen Worten eine Ergänzung zum Flussdiagramm, dessen Einsatz wir für einfachere und weniger detaillierte Prozesse empfehlen, die sich in der Regel nur über kürzere Zeit erstrecken.

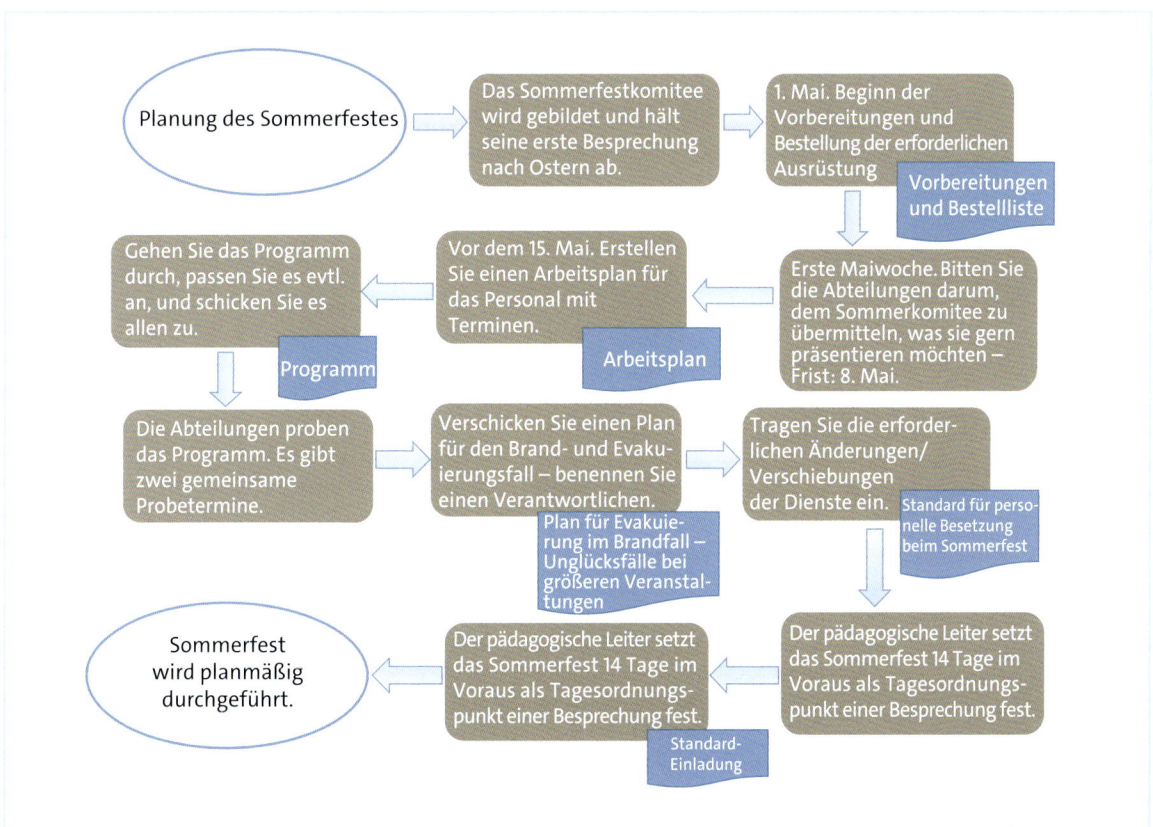

So kann ein Prozessablaufplan aussehen

Ich leite eine Kita

In den Prozessablaufplan werden nur Kästchen, Pfeile, Symbole für Anfang/Ende und Dokumentsymbole eingesetzt – keine Verzweigungen wie im Flussdiagramm. Ansonsten gelten dieselben Grundsätze, wie sie in der Anleitung für das Flussdiagramm skizziert sind.

Wie wird ein Prozessablaufplan angefertigt?

1. Wählen Sie einen Gruppenleiter. Dem Gruppenleiter obliegt die Zuständigkeit, die Gruppe Schritt für Schritt zu einem fertigen Prozessablaufdiagramm zu führen. Die Anzahl der Gruppenmitglieder sollte zwischen vier und sieben betragen. Es können auch mehr sein, aber dabei sollte man beachten, dass sich leicht Untergruppen bilden könnten!

2. Die Sitzordnung sieht folgendermaßen aus:

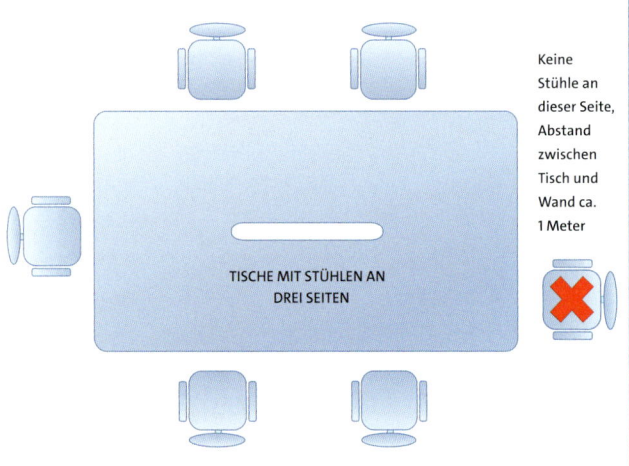

3. Erörtern Sie das Problem/die Aufgabe. Nehmen Sie sich mindestens fünf Minuten Zeit, um sich zu einigen, was die Problemstellung Ihrer Meinung nach besagt. Worin besteht die eigentliche Aufgabe, die Sie zu lösen haben? Einigen Sie sich darauf, wo der Prozess beginnen und wo er enden soll; dies ist wichtig, um ein gutes Ergebnis zu erzielen. Denken Sie daran, dass es der heutige Prozess ist, den es zuerst abzuklären gilt. Anschließend beginnen Sie damit, herauszufinden, was verbessert werden könnte. Sorgen Sie dafür, dass alle dieselbe Auffassung vertreten, bevor Sie fortfahren. Legen Sie fest, wie detailliert Sie sein möchten, wenn der Prozessablaufplan angefertigt werden soll. Dies wird ziemlich stark schwanken können. Denken Sie daran, was zweckmäßig ist. Bei umfangreicheren und komplizierteren Prozessen sollte der Ablaufplan um mehrere Stufen erweitert werden. Jeder Prozess sollte sich nicht in viel mehr als zwölf Kästchen befinden.

4. Kleben Sie vier Flipchartblätter zusammen, und hängen Sie sie an die Wand. Schreiben Sie die Aufgabe auf das Blatt. Zeichnen Sie Anfang und Ende des Prozesses so auf, wie sie es vereinbart haben. Seien Sie so konkret wie möglich! Teilen Sie Klebezettel und schwarze Stifte oder dünne Marker aus. Jedes Gruppenmitglied notiert alle Aktivitäten, die in das Thema einfließen können – eine Aktivität je Klebezettel. Bringen Sie den Zettel an dem Arbeitsblatt an, sobald es fertig ist. Stillarbeit. Dort, wo es eine Arbeitsablaufbeschreibung, einen Vordruck, eine Vorlage oder einen Mindeststandard gibt, bringen Sie ein Dokumentsymbol an. Dies kann dadurch erfolgen, dass man einen Zettel in einer anderen Farbe verwendet oder eine Ecke von einem Zettel abreißt und den Zettel mit drei Ecken als Dokumentsymbol verwendet.

Es ist auch möglich, die Vorschläge auf einem Whiteboard zu vermerken (in der Reihenfolge, in der sie vorgebracht werden), aber wir empfehlen den Einsatz von Flipchartblättern und gelben Zetteln. Diese können Sie auch später noch hervorholen oder an anderen Stellen aufhängen, sofern entsprechender Bedarf besteht. Der Gruppenleiter kontrolliert, ob alle Aktivitäten konkret beschrieben sind und ob alle verstanden haben, was auf den Zetteln steht. Es darf keinerlei Kritik am Inhalt geübt werden!

5. Bringen Sie die Zettel, die zu derselben Aktivität gehören, untereinander an, und bringen Sie danach die Gruppen der Zettel von links nach rechts in der Reihenfolge an, in der die Aktivitäten gegenwärtig in Wirklichkeit erfol-

Methoden, Werkzeuge und Vorlagen

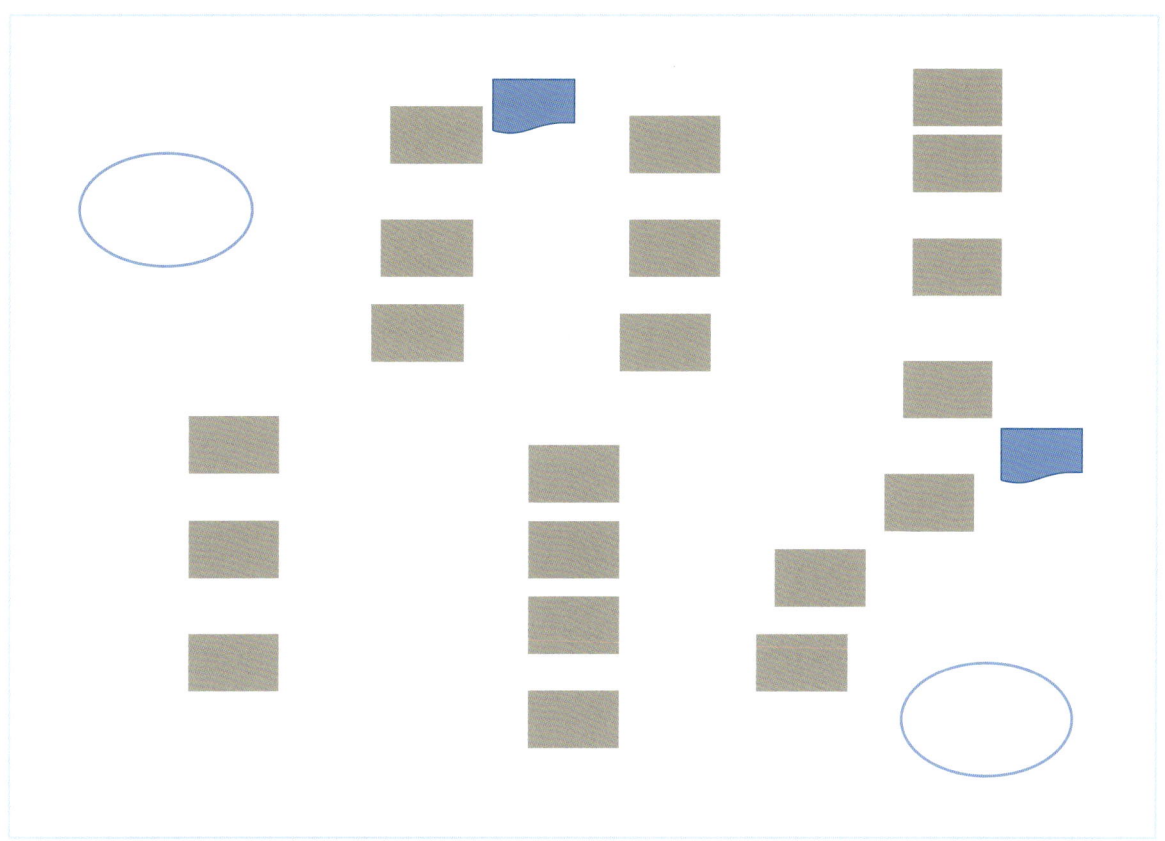
Leere Vorlage für einen Prozessablaufplan

Erstellung eines Prozessablaufplans mit Hilfe von Flipchartblättern und gelben Zetteln

Ich leite eine Kita

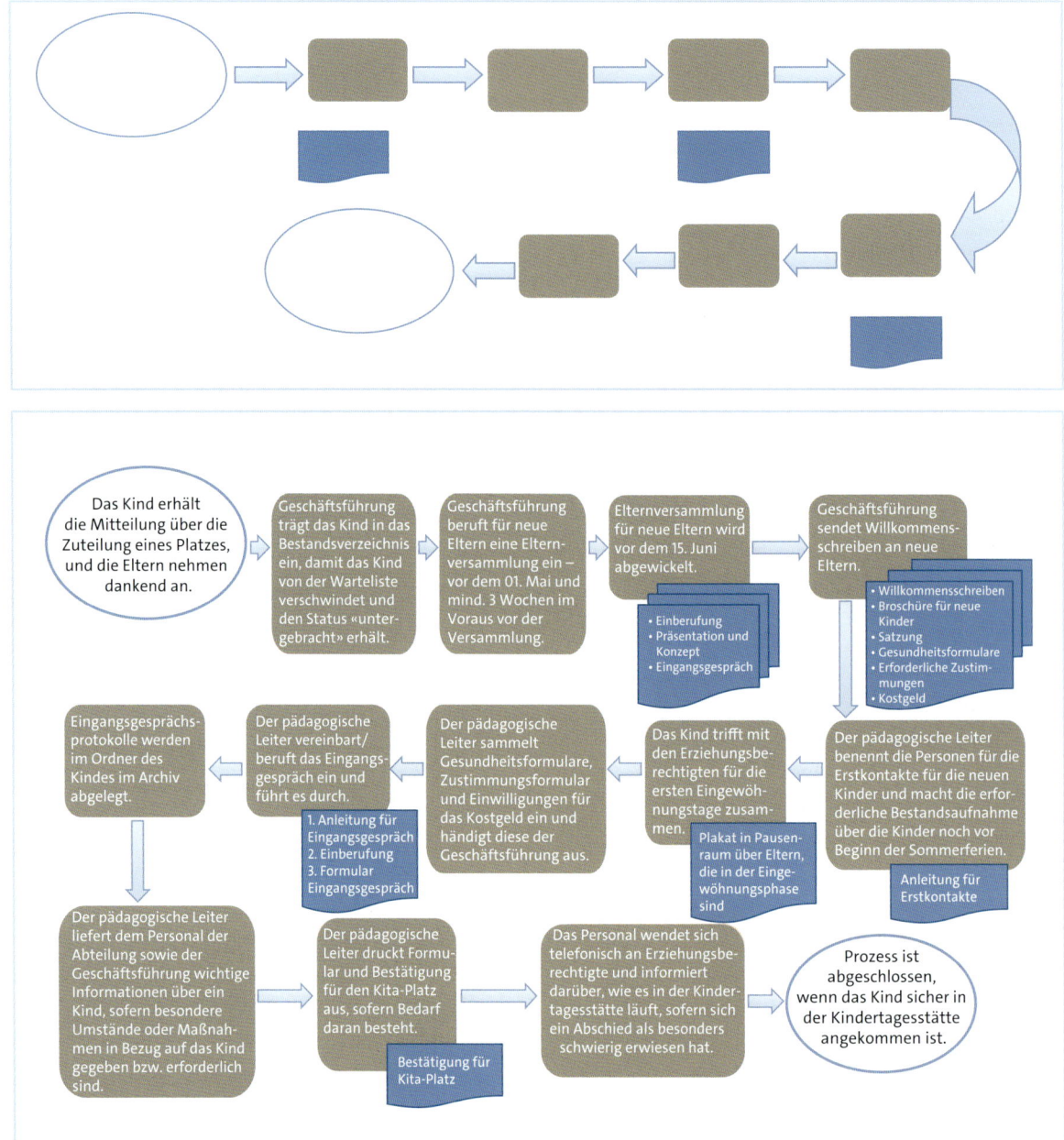

Prozessablauf zur Eingewöhnung in der Kindertagesstätte Ask auf Askøy

gen. Alle müssen an dem Prozess der Gruppierung teilnehmen, und es gilt so lange wie möglich still zu arbeiten. Anschließend besteht die Möglichkeit, sich zu unterhalten, zu diskutieren und Einigkeit zu erzielen. Sollten nach Meinung der Gruppe eine oder mehrere wesentliche Aktivitäten fehlen, können weitere Klebezettel hinzugefügt werden.

Nummerieren Sie die Aktivitäten, und verbinden Sie sie durch Pfeile miteinander. Benutzen Sie einen Bleistift. Denken Sie daran, dass die Pfeile die Prozessrichtung anzeigen und nur in eine Richtung verlaufen können!

Methoden, Werkzeuge und Vorlagen

6 Fertigen Sie einen neuen und verbesserten Prozessablaufplan an. Gibt es etwaige Engpässe? Gibt es offensichtliche Räume für Verbesserungen? Werden Zeit und Ressourcen verschwendet? Finden Sie den Ihrer Meinung nach besten Prozess heraus! Hier dürfen Sie diskutieren. Vielleicht stellen Sie ja fest, dass Bedarf an mehr oder an weniger Dokumenten besteht? Fertigen Sie neue an, oder entfernen Sie alte! Achten Sie darauf, dass sich die gesamte Gruppe an der Feinjustierung der Anordnung der Zettel beteiligt. Wenn Sie sich auf den neuen Prozess geeinigt haben, können Sie die Bleistiftstriche mit schwarzem Marker überschreiben.

Wie zieht man aus dem Prozessablaufplan den größtmöglichen Nutzen?

Nach Anfertigung des Prozessablaufplans wäre es geschickt, Klebeband zur Befestigung aller Zettel zu benutzen. Benutzen Sie durchsichtiges Klebeband, und überkleben Sie alle losen Teile. Es ist vernünftig, den Prozessablaufplan im Personalraum aufzuhängen und alle, die an der Anfertigung des Prozessablaufplans nicht beteiligt waren, darum zu bitten, Kommentare abzugeben und mit eventuellen Änderungsvorschlägen zu kommen, ehe endgültig entschieden wird, dass es „in unserer Kindertagesstätte genau so gemacht wird".

Prozessablaufpläne lassen sich auch in Microsoft Office PowerPoint anfertigen, wo zugrunde liegende Dokumente mit dem Dokumentsymbol verknüpft werden können.

Wenn neue Mitarbeiter, Vertretungen oder Festangestellte kommen, eignet sich der Prozessablaufplan hervorragend zur Beschreibung dessen, wie sie ihre Arbeit auszuführen haben. Er kann auch als Schulungsmaterial während einer Probezeit dienen. Durch das Zusammenstellen von Anweisungen, Arbeitsablaufbeschreibungen und Standardvordrucken zusammen mit dem Prozessablaufplan in einer Mappe, einem Ordner oder im internen Netzwerk der Kindertagesstätte wird kein Zweifel mehr daran bestehen, wie zentrale Aufgaben auszuführen sind.

Zum Beispiel werden sich als natürliche Folge eines Prozessablaufplans zur Eingewöhnung in die Kindertagesstätte Ask auf Askøy verschiedene Standardschreiben an Vorgesetzte, diverse auszufüllende Vordrucke und so weiter ergeben.

Ich leite eine Kita

Flussdiagramm

Themen: ➪ Planung   ➪ Qualitätssicherung   ➪ Problemlösung

Was ist ein Flussdiagramm?

Das Flussdiagramm liefert ein Bild von einem Prozess, zum Beispiel von der Reihenfolge der Aufgaben im Rahmen eines Plans oder einer Arbeitsaufgabe. Es wird mit Standardsymbolen angefertigt, die unterschiedliche Aktivitäten oder Aufgaben repräsentieren. Das Flussdiagramm lässt sich mit unterschiedlichem Detailreichtum anfertigen. Wir empfehlen, das Flussdiagramm im ersten Durchgang so einfach wie möglich zu gestalten. Wird es zu detailliert, kann man leicht den Mut und den Überblick verlieren!

Diese Symbole werden am häufigsten eingesetzt, wenn das Flussdiagramm konstruiert wird:

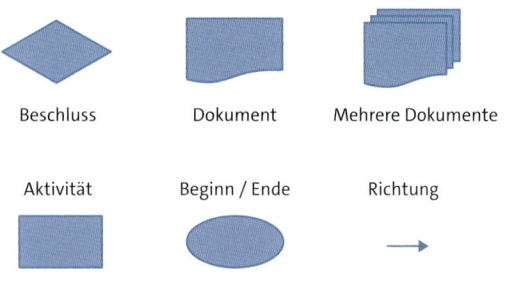

Welchen Vorteil bietet ein Flussdiagramm?

Das Flussdiagramm kann Problembereiche oder Engpässe veranschaulichen: zum Beispiel bei der Eingewöhnung neuer Kinder, dem Übergang von der Kindertagesstätte zur Schule und dem System im Zusammenhang mit der Dokumentation der kindlichen Entwicklung. Da das Flussdiagramm als Bild erscheint (im Gegensatz zu reinen Worten und Argumenten), ist es beispielsweise für alle leichter nachvollziehbar, weshalb es gegebenenfalls zweckmäßig ist, Änderungen vorzunehmen.

Wann kann das Flussdiagramm eingesetzt werden?

Ein Flussdiagramm beschreibt alle Bestandteile eines Prozesses. Ein Flussdiagramm kann für alles eingesetzt werden: von der Bearbeitung von Bauvorhaben in Städten und Gemeinden bis hin zur Einstellung neuer Mitarbeiter. Ein Flussdiagramm ist nicht dasselbe wie eine Arbeitsablaufbeschreibung, ein Mindeststandard oder eine Anleitung. Sie werden allerdings rasch feststellen, ob diese im Zusammenhang mit der Anfertigung eines Flussdiagramms fehlen, denn es geschieht oftmals fast von allein, dass sich Arbeitsablaufbeschreibungen, Mindeststandards oder Anleitungen aus einem Flussdiagramm ergeben oder sich sogar dahinter „verbergen".

Das Flussdiagramm lässt sich vorteilhaft dort einsetzen, wo es wichtig ist, dass alle eine Aufgabe so einheitlich wie irgendwie möglich ausführen. In einigen Bereichen kann es für die Kindertagesstätte äußerst unglücklich sein, wenn ein einzelner Mitarbeiter nach eigenem Gutdünken und je nach Tagesform definiert, wie eine Arbeit zu erledigen ist. Stellen Sie sich vor, es brennt, oder es passiert ein Unglück! Was ist, wenn ein Journalist die Kindertagesstätte kontaktiert, um Stellungnahmen einzuholen? Das Flussdiagramm ist also ein gutes Instrument, wenn es wichtig ist zu regeln, was getan wird, wie es getan wird, was gesagt wird, wie es gesagt wird und wer was tut. Indem man sich ein Bild von dem fraglichen Prozess macht, was stets der erste Schritt ist, bevor man das Flussdiagramm einsetzt, ist es einfacher, etwas Verbesserungswürdiges zu erkennen und dies auszudiskutieren.

Methoden, Werkzeuge und Vorlagen

Wie wird das Flussdiagramm angefertigt?

1. Wählen Sie einen Gruppenleiter. Dem Gruppenleiter obliegt die Zuständigkeit, die Gruppe Schritt für Schritt zu einem fertigen Flussdiagramm zu führen. Die Anzahl der Gruppenmitglieder sollte zwischen vier und sieben betragen. Es dürfen auch mehr sein, aber dann sollte man beachten, dass sich leicht Untergruppen bilden können!

2. Die Sitzordnung sieht folgendermaßen aus:

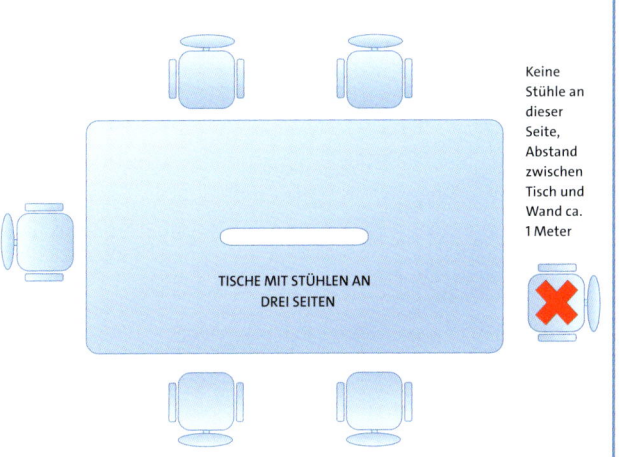

3. Erörtern Sie das Problem/die Aufgabe. Nehmen Sie sich mindestens fünf Minuten Zeit, um sich darauf zu einigen, was die Problemstellung ist. Worin besteht die eigentliche Aufgabe, die Sie zu lösen haben? Grenzen Sie den Ablauf ein, indem Sie sich darauf einigen, wo der Anfang und wo das Ende sein soll – dies ist wichtig, um ein gutes Endergebnis zu erzielen. Sorgen Sie dafür, dass alle dieselbe Auffassung vertreten, bevor Sie fortfahren. Lassen Sie einen Teilnehmer die Verantwortung für die Zeit übernehmen. Legen Sie fest, wie detailliert Sie sein möchten, wenn das Flussdiagramm angefertigt wird. Dies wird ziemlich stark schwanken können. Denken Sie daran, was zweckmäßig ist. Bei umfangreicheren und komplizierteren Prozessen sollte das Diagramm um mehrere Stufen erweitert werden. Jeder Ablauf und somit jede Stufe sollte nicht aus viel mehr als zwölf Kästchen bestehen.

4. Kleben Sie drei oder vier Flipchartblätter zusammen, und hängen Sie sie an die Tafel oder an eine Wand. Schreiben Sie nicht direkt an eine Tafel; benutzen Sie die Flipchartblätter, da diese leichter zu transportieren sind! Schreiben Sie die Aufgabe auf das Blatt. Teilen Sie Klebezettel (Post-it-Zettel) und Bleistifte oder Kugelschreiber/dünne Marker aus. Die Klebezettel sollten möglichst quadratisch sein. Jedes Gruppenmitglied notiert alle Aktivitäten, die in das Thema einfließen können – eine Aktivität je Klebezettel. Stillarbeit. Bringen Sie den Zettel an dem Arbeitsblatt an, sobald es fertig ist. Die Gesamtzahl an Zetteln sollte nicht mehr als 20 bis 25 betragen. Der Gruppenleiter kontrolliert, ob alle Aktivitäten konkret beschrieben sind und ob alle verstanden haben, was auf den Zetteln steht. Keine Kritik an dem, was geäußert wird!

5. Bringen Sie die Zettel von links nach rechts in der Reihenfolge an, in der die heutigen Aktivitäten erfolgen. Sie können sich auch dafür entscheiden, die Zettel von oben nach unten anzubringen. Alle müssen an dem Prozess der Gruppierung teilnehmen, und es ist so lange wie möglich still zu arbeiten, aber dann besteht die Möglichkeit, sich zu unterhalten, zu diskutieren und Einigkeit zu erzielen. Sollten nach Meinung der Gruppe eine oder mehrere wesentliche Aktivitäten fehlen, können weitere Klebezettel hinzugefügt werden. Identifizieren Sie die Stellen, an denen der Ablauf alternative Wege gehen könnte. Markieren Sie diese mit einem Verzweigungssymbol (Raute) – dies ist der Vorteil am Einsatz quadratischer Zettel: den Zettel nur um 45 Grad drehen! Dieses Symbol wird als Verzweigung bezeichnet. Dort, wo sie erkennen, dass eine Arbeitsablaufbeschreibung, eine Anleitung, eine Arbeitsvorlage oder ein Mindeststandard dazugehören, bringen Sie ein Dokumentsymbol an. Dies kann dadurch erfolgen, dass man einen Zettel in einer anderen Farbe nimmt oder die Ecke eines Zettels abreißt.

Ich leite eine Kita

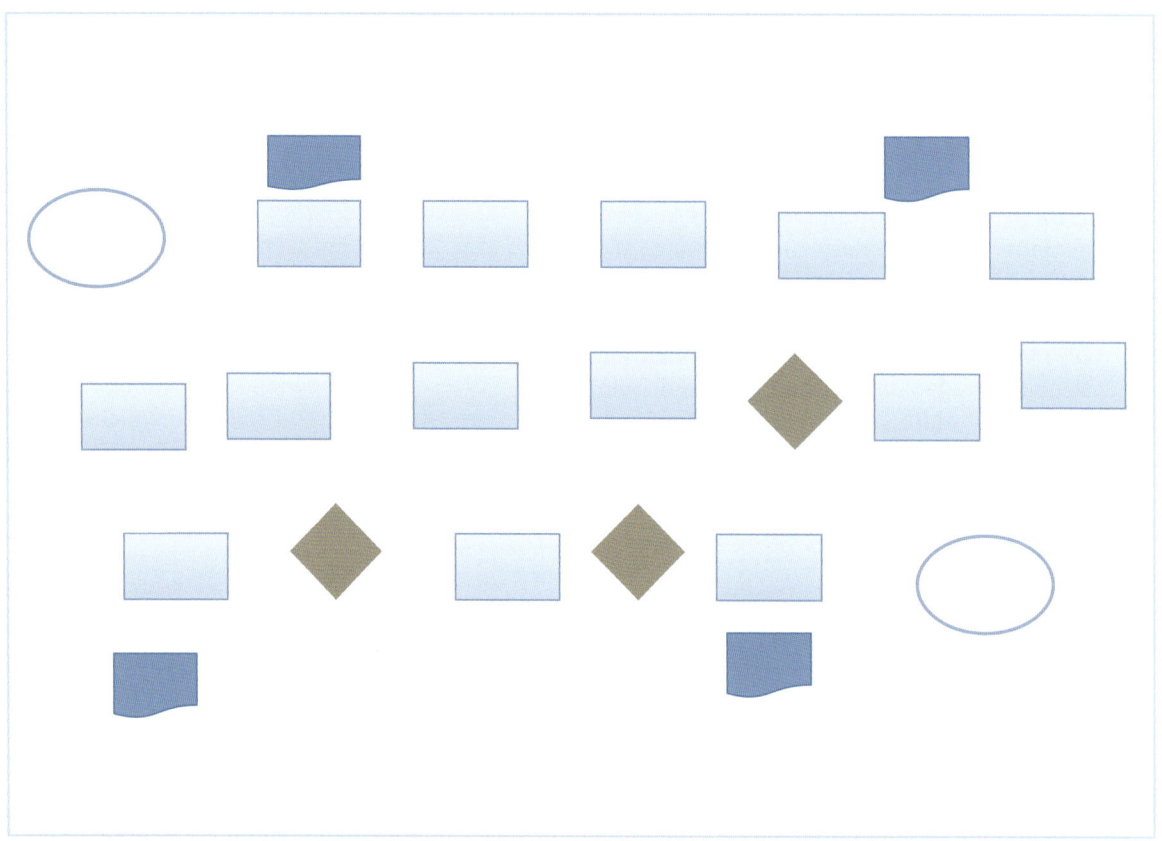

Leere Vorlage für ein Flussdiagramm

Und so kann dies in Wirklichkeit aussehen. Diese Gruppe hat sich dem Thema „Vorgehensweise bei Verdacht auf Mobbing" angenommen.

Methoden, Werkzeuge und Vorlagen

6 Nummerieren Sie die Aktivitäten, und verbinden Sie diese durch Pfeile. Benutzen Sie einen Bleistift. Denken Sie daran, dass die Pfeile die Prozessrichtung anzeigen und nur in eine Richtung verlaufen können! Eine Ausnahme besteht bei den Verzweigungen: Sie haben stets zwei Ausgänge (Ja und Nein), und die Pfeile werden somit in beide Richtungen verlaufen. Achten Sie genau darauf, dass kein Pfeil ein „loses Ende" hat, und gehen Sie vorwärts zur nächsten Aktivität oder zurück zu einer früheren Aktivität. Zeichnen Sie die Pfeile in rechten Winkeln – nicht in Kurven. Es ist leichter zu erkennen, „einen geraden Weg zu gehen" – mit geraden Pfeilen.

7 Fertigen Sie einen neuen Ablauf an! Es wird jetzt möglich sein, den tatsächlichen Ablauf in Richtung einer besseren Lösung zu erkennen, wo Engpässe beseitigt werden können. Gibt es offensichtliche Räume für Verbesserungen? Werden Zeit und Ressourcen verschwendet? Oder ist noch etwas zu ergänzen, was fehlt? Suchen Sie den Ablauf, der Ihrer Meinung nach am besten aussieht, und bringen Sie diesen mitten auf dem Arbeitsblatt in Abständen von mindestens drei Zentimetern zwischen den Zetteln an. Die ganze Gruppe beteiligt sich an der Feinjustierung der Zettel. Wenn Sie sich auf den neuen Ablauf geeinigt haben, können Sie die Bleistiftstriche durch schwarze Linien ersetzen.

Wie zieht man aus dem Flussdiagramm den größtmöglichen Nutzen?

Nach Anfertigung des Flussdiagramms wäre es geschickt, Klebeband zur Befestigung aller Zettel zu benutzen. Benutzen Sie durchsichtiges Klebeband, und überkleben Sie alle losen Teile. Es kann sich lohnen, das Flussdiagramm im Personalraum aufzuhängen und alle Angestellten, die nicht an der Arbeit beteiligt waren, darum zu bitten, Kommentare abzugeben und mit eventuellen Änderungsvorschlägen zu kommen, ehe endgültig entschieden wird, dass es „in unserer Kindertagesstätte

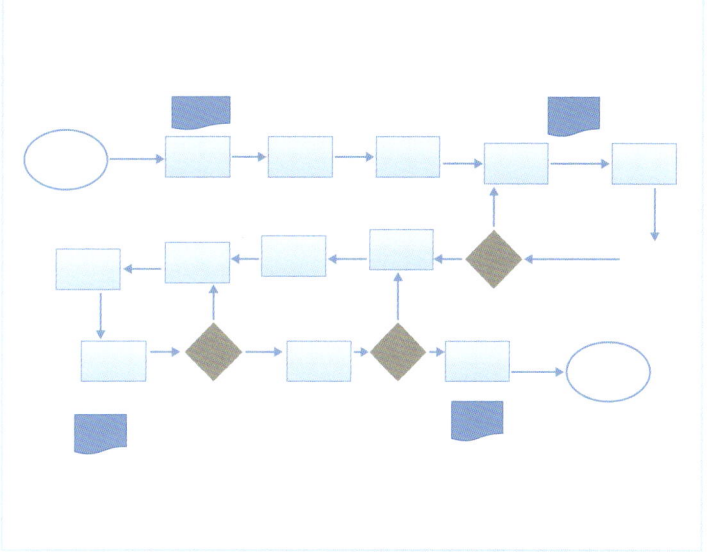

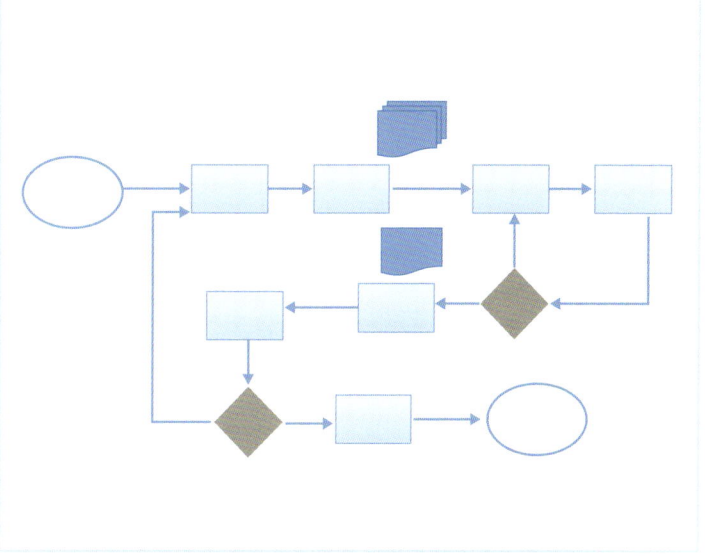

Das Flussdiagramm nimmt Gestalt an. Pfeile symbolisieren die Verlaufsrichtung.

genauso gemacht wird". Das Flussdiagramm lässt sich auch in Microsoft Office PowerPoint anfertigen, da sich mit diesem Programm zugrunde liegende Dokumente, wie zum Beispiel Vorlagen, Arbeitsablaufbeschreibungen und Anleitungen, mit dem Dokumentsymbol verknüpfen lassen.

Wenn neue Mitarbeiter, Vertretungen oder Festangestellte kommen, eignet sich das Flussdiagramm hervorragend zur Beschreibung dessen, wie sie ihre Arbeit auszuführen haben, und als Schulungsmaterial während einer Probezeit. Durch das Sammeln von Anweisungen, Arbeitsablaufbeschrei-

Ich leite eine Kita

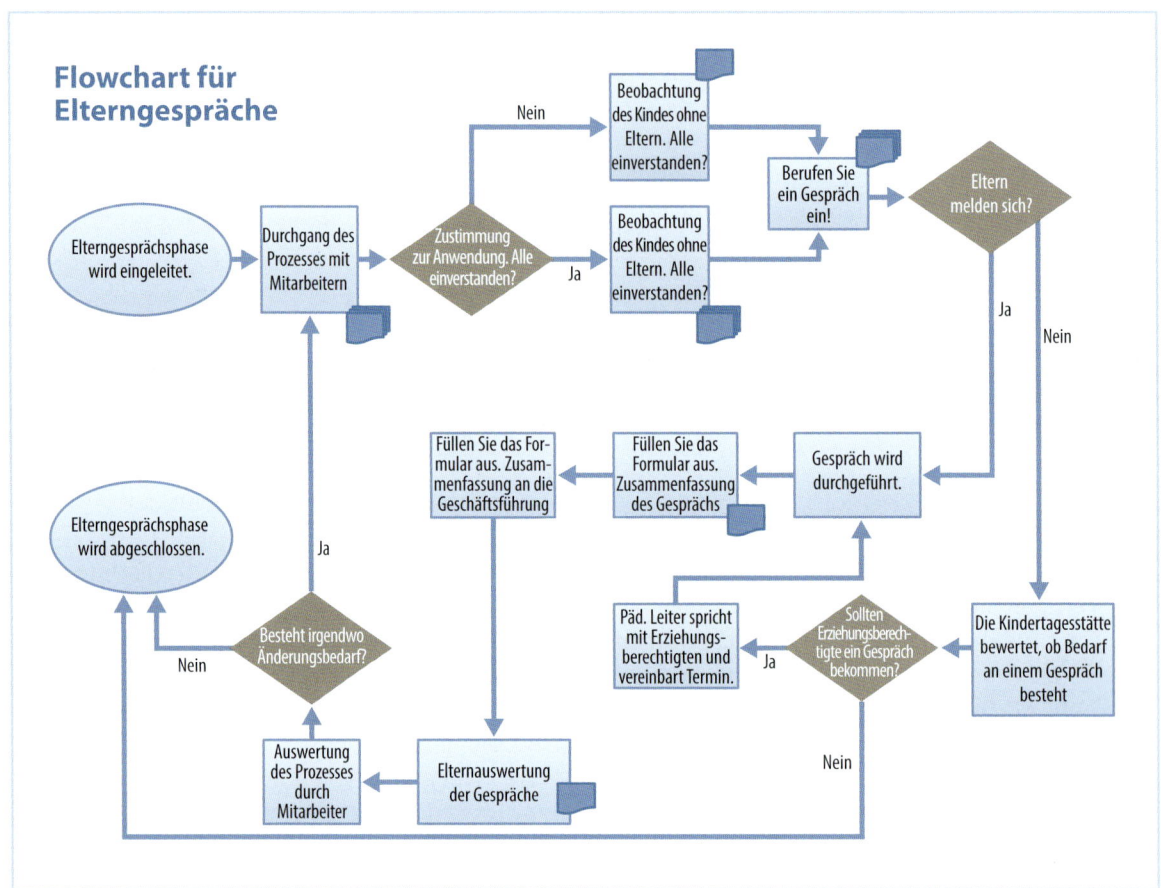

bungen und Standardvordrucken zusammen mit dem Flussdiagramm in einer Mappe, einem Ordner oder im Intranet der Kindertagesstätte wird kein Zweifel mehr daran bestehen, wie zentrale Aufgaben auszuführen sind. Zum Beispiel wird ein Flussdiagramm, das den Prozess bei Elterngesprächen beschreibt, alles von der Einladung bis zum Gespräch, dem Elterngesprächsbogen, dem Beobachtungsbogen, dem Auswertungsbogen und so weiter enthalten.

Das Beispiel oben zeigt ein solches Flussdiagramm. Ganz am Ende dieses Ablaufs ist eine wichtige Entscheidungsraute eingefügt. Dort bewerten die Angestellten, ob alles wie beabsichtigt funktioniert hat, oder ob es zweckmäßig ist, bis zum nächsten Mal Änderungen vorzunehmen.

Methoden, Werkzeuge und Vorlagen

ReKo

Themen: ⇨ Qualitätsentwicklung   ⇨ Qualitätssicherung

ReKo ist die Abkürzung für die Worte Resultat-Kontrakt (erarbeitetes Ergebnis / Abmachung). Kleinere und umfangreichere Entwicklungsarbeiten erfolgen in Gruppen; die Verantwortung für die Zielerfüllung obliegt den Gruppen, und diese entwickeln Arbeitsabläufe, Mindeststandards, pädagogische Programme und so weiter im Namen des gesamten Personals.

Welchen Vorteil bietet ReKo?

Die Systematik im Zusammenhang mit ReKo ist leicht zu erfassen und erweist sich insofern als effizient, als nicht alle bei allem dabei sein müssen. Die Methodik basiert auf dem PDSA-Zyklus, einem allgemein anerkannten Qualitätswerkzeug (S. 117).

Ein anderes wichtiges Element besteht darin, dass alles, was von den ReKo-Gruppen abschließend erarbeitet wurde, anschließend mit einem Fest markiert werden muss. Dadurch erhält die Entwicklungsarbeit zusätzlich Energie und Rückenwind. Alle Angestellten können an der einen oder anderen ReKo-Gruppe teilnehmen – unabhängig von Kompetenz und Erfahrung. ReKo kann für alles eingesetzt werden: von der Lösung praktischer Herausforderungen bis zur Entwicklung pädagogischer Programme. Dass die Gruppen einen Auftrag bekommen, den sie ohne Einmischung von Dritten abwickeln sollen, ist ein Vertrauensbeweis, und wir haben die Erfahrung gemacht, dass dies auf viele inspirierend wirkt. ReKo-Gruppen müssen schnell arbeiten – dies ist ebenfalls vorteilhaft, denn es dauert nicht sehr lange, bis man die ersten Ergebnisse sieht. Zu ReKo gehört auch eine

So sieht die ReKo-Struktur aus

Ich leite eine Kita

ReKo-Tafel, wodurch die Arbeit in den verschiedenen Gruppen für alle Angestellten sichtbar wird – nicht nur für die, die in einer Gruppe dabei sind.

Wann kann ReKo eingesetzt werden?

ReKo-Gruppen können für fast alles eingesetzt werden, was zu entwickeln ist: von Mindeststandards über Arbeitsablaufbeschreibungen, pädagogischen Programmen bis hin zu Ideen für bessere Spiele im Außenbereich und so weiter. Es gibt nur einen Bereich, in dem ReKo nicht eingesetzt werden sollte, und das ist die Wertearbeit. Ein tragendes Element in der Entwicklung einer Wertegrundlage besteht darin, dass alle Angestellten an dem Prozess beteiligt sein müssen. Dafür sind ganz andere Werkzeuge als ReKo erforderlich.

Wie wird ReKo durchgeführt?

Rein praktisch bedeutet dies, dass ReKo-Gruppen in Gang gesetzt werden können, nachdem konkrete messbare Ziele formuliert wurden und auf einer Zeitachse festgelegt wurde, wann diese Ziele erreicht werden sollen. Stellen wir uns vor, dass ein Ziel folgendermaßen aussähe:

> Wir müssen uns auf eine gemeinsame Vorlage für das Entwicklungsgespräch und eine „Anleitung" verständigen, um zu gewährleisten, dass die Vorlage so einheitlich wie möglich noch vor dem 31.12.15. eingesetzt wird.

Es passt sehr gut, für diese Arbeit eine ReKo-Gruppe zu bilden. Wie die Teilnehmer ausgewählt werden sollen, hängt von der Aufgabe ab. Für eine ReKo-Gruppe, die an dem Entwicklungsgespräch arbeiten soll, würden wir empfehlen, dass die Mehrzahl aus Pädagogen besteht. Es sollten nicht zu viele Teilnehmer sein; zwei bis vier Personen sind ausreichend. Den Gruppen sollten auch nicht zu lange zeitliche Fristen eingeräumt werden, bis sie ihre Arbeit vorlegen müssen. Je nachdem, wie häufig sie sich treffen können, pflegen wir einen Zeitraum von bis zu drei Monaten zu empfehlen. Einige Aufgaben erfordern nicht mehr als zwei bis drei Besprechungen. Ein Ziel kann mitunter auch viele ReKo-Gruppen auslösen. Hat die Kindertagesstätte zum Beispiel ein Ziel, das ungefähr folgendermaßen aussieht: „Wir müssen noch im Laufe des Jahres schriftliche Arbeitsablaufbeschreibungen zu allen unseren festen Aktivitäten erstellen", versteht es sich nahezu von selbst, dass hier für viele ReKo-Gruppen gesorgt ist! Seien Sie klar und deutlich, wenn die Gruppen ihren Auftrag erhalten. Soll das, was von diesen Gruppen erarbeitet wird, etwas sein, was die Kindertagesstätte sich zunutze machen wird? Soll es einer Anhörung unterzogen werden? Soll die Leitung das letzte entscheidende Wort haben? Wir empfehlen definitiv letzteres! Und beginnen Sie am besten mit einfachen Aufgaben.

Das Erste, was die ReKo-Gruppe macht, wenn sie sich zusammensetzt, ist die Wahl einer Person zur Leitung der Gruppenarbeit. Die Aufgabe wird erörtert, es wird ein Zeitplan aufgestellt, und dann gewichten die Gruppenmitglieder auf einer Skala von 1 bis 10, wie sich die Situation gegenwärtig darstellt und wie sie sich ihrer Ansicht zufolge nach Abschluss der Arbeit darstellen soll. Es ist nicht unbedingt üblich, eine derartige Gewichtung in Kindertagesstätten vorzunehmen. Aber wir sehen, dass sie häufig von anderen Berufsgruppen eingesetzt wird, zum Beispiel vom Krankenpflegepersonal und von Sozialarbeitern. Es findet eine subjektive Bewertung statt, aber man erhält einen Hinweis darauf, was erreicht werden soll. Manchmal besitzen wir bereits Messparameter, zum Beispiel, wenn wir die Beteiligung an einer Nutzerbefragung erhöhen müssen. Dann wissen wir, was wir heute haben und setzen es ein. Dann stellt die Gruppe einen ReKo-Plan für die Arbeit auf.

Muss die Gruppe bei ihrer Planung mehr Einzelheiten herausarbeiten, ist Lotus ein gutes Hilfsmittel (S. 87).

Dann gilt es nur noch, an dem Plan zu arbeiten, ihn zu befolgen und eventuelle neue Elemente einzufügen, wenn dies als erforderlich erachtet wird. Als Kindertagesstättenleiter brauchen Sie nicht unbedingt in einer Gruppe dabei zu sein. Sie können dabei sein, aber Ihre wichtigste Aufgabe

Methoden, Werkzeuge und Vorlagen

ReKo	
Anforderungen	Eine gemeinsame Vorlage für Entwicklungsgespräche für die gesamte Kita haben
Ziel	Wir müssen uns auf eine gemeinsame Vorlage für das Entwicklungsgespräch und eine „Anleitung" verständigen, um zu gewährleisten, dass die Vorlage so einheitlich wie möglich noch vor dem 31.12.15. eingesetzt wird.
Maßnahme	• Alle Vordrucke sammeln, die wir bereits einsetzen • Bei anderen Kindertagesstätten, mit denen wir zusammenarbeiten, anfragen, ob wir Vordrucke bekommen könnten • Im Internet und in Büchern nachschauen, ob es etwas gibt, von dem wir etwas lernen können • Einen Fragebogen an jede Abteilung schicken, um zu erfahren, was der Vordruck ihrer Meinung nach enthalten sollte • Untersuchen, ob es etwaige „Anleitungen" von Dritten gibt, aus denen wir etwas lernen können • Eine Zielgruppe mit Eltern befragen, was ihrer Meinung nach für den Inhalt eines Vordrucks relevant sein könnte • Untersuchen, ob Gesetzgebung oder Kommune/Träger etwaige Vorgaben gemacht haben
Gegenwärtige Situation	3
Neuer Messwert	6
Beginn	20.10.2015
Fertig	31.12.2015
Auswertung	Nach einem Jahr, wenn alle den Vordruck ausprobiert haben
Zuständig	AJ
Andere Teilnehmer	AN, AS, TU

ist eine andere. Sie müssen zunächst dafür sorgen, dass eine ReKo-Tafel angefertigt wird, an der alle ReKo-Pläne aufgehängt werden. Diese Tafel muss sich an einer Stelle befinden, an der die Angestellten oft vorbeikommen. Die Tafel darf nicht für alle möglichen anderen Informationen eingesetzt werden, sondern nur für ReKo.

Die Tafel hat mehrere Funktionen. Zunächst liefert sie ein gutes Bild davon, dass hier viel passiert – Bei uns ist was los! Alle Angestellten sind ja nicht in allen Gruppen dabei, können aber dennoch eigene Meinungen haben und wichtige Beiträge liefern. Dort können sie dem jeweiligen Gruppenleiter ihre (schriftlichen) Vorschläge und Meinungen liefern oder die gelben Zettel an den ReKo-Plan hängen. Ob die Gruppe die Ideen und Standpunkte berücksichtigen möchte oder nicht, bestimmt die ReKo-Gruppe selbst.

Ich leite eine Kita

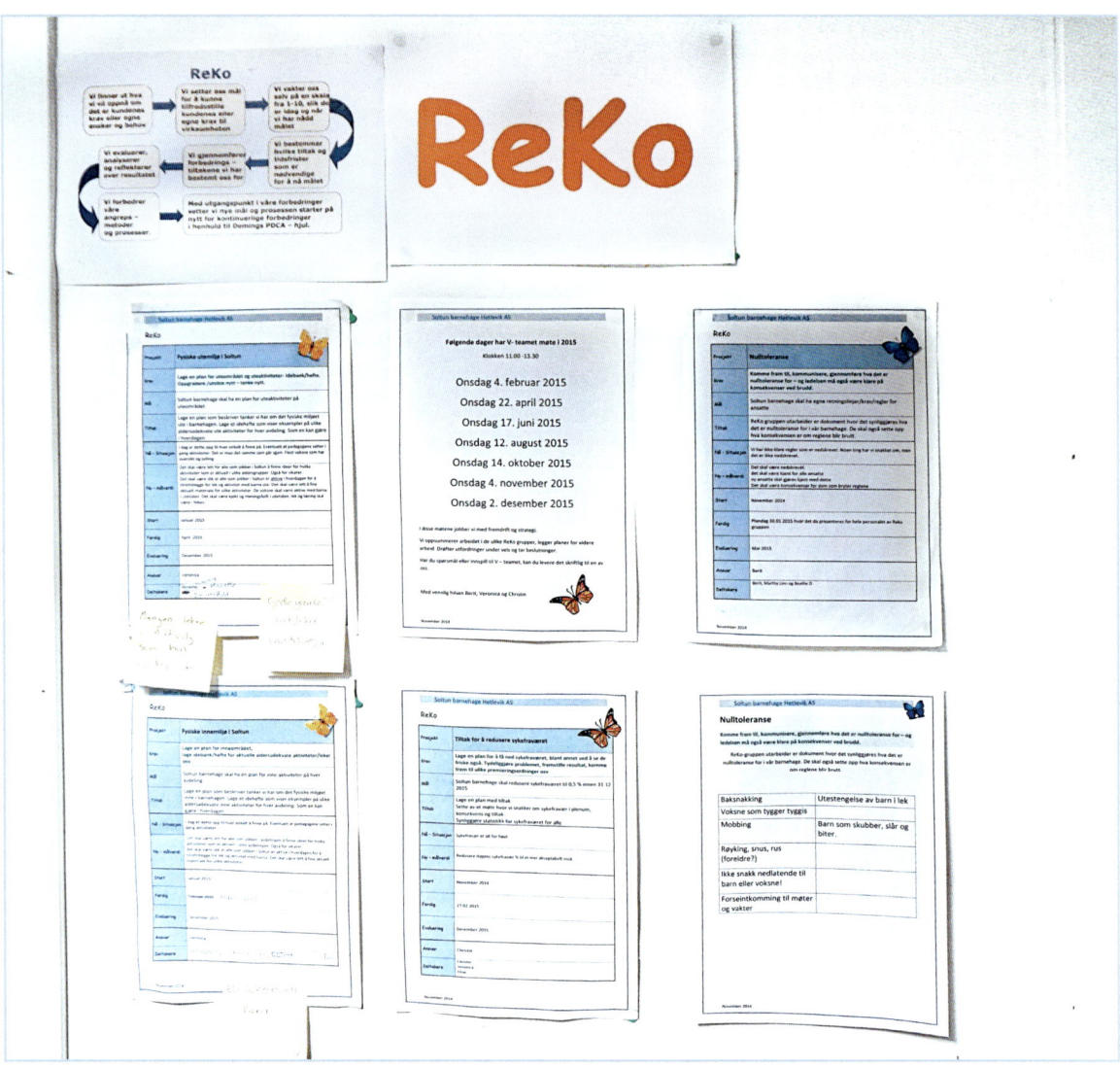

Die Kindertagesstätte Soltun auf Askøy hat ihre ReKo-Tafel im Personalraum.

Ihre allerwichtigste Aufgabe als Kindertagesstättenleiter besteht darin, sich nach der Entwicklung in den Gruppen zu erkundigen und die Ergebnisse zu feiern, wenn sie vorliegen. Feiern kann man auf mancherlei Weise. Das Allerwichtigste aber ist, für Freude, Begeisterung und Stolz in Bezug auf all das zu sorgen, was wir in unserer Kindertagesstätte zustande bringen. Dies kann auch systematisch und planmäßig erfolgen, und Sie können einen ReKo-Nachweis ausstellen. Dies kann eine kleine Karte sein, die sowohl den Namen der Person enthält, die an einer ReKo-Gruppe teilgenommen hat, als auch, worin die jeweilige Aufgabe bestanden hat. Im Laufe eines Jahres können die Angestellten viele ReKo-Nachweise sammeln, und am Jahresende könnte der, der die meisten besitzt, beispielsweise eine Prämie bekommen. Zusätzlich können alle ReKo-Nachweise als Lose in einen Topf gelegt werden, aus dem dann ein Gewinner oder eine Gewinnerin gezogen wird. Hier ist es nur die Phantasie, die Grenzen setzt!

Methoden, Werkzeuge und Vorlagen

ReKo	
Anforderungen	
Ziel	
Maßnahme	
Gegenwärtige Situation	
Neuer Messwert	
Beginn	
Fertig	
Auswertung	
Zuständig	
Andere Teilnehmer	

Ich leite eine Kita

Verwandtschaftsdiagramm

Themen: ⇨ Qualitätsentwicklung ⇨ Problemlösung

Was ist ein Verwandtschaftsdiagramm?

Das Verwandtschaftsdiagramm ist eine Systematisierung dessen, was sich aus einem Brainstorming/Ideenfindungsprozess ergeben hat. Die Organisationsarbeit wird als Gruppenarbeit durchgeführt. Die Anfertigung eines Verwandtschaftsdiagramms ist ein kreativer Prozess, der die Gruppe in die Lage versetzt, mehrere Möglichkeiten zu erkennen. Das Verwandtschaftsdiagramm ist ein Werkzeug, das dazu dient, herauszufinden, worin ein Problem/eine Herausforderung/eine Erfahrung/eine Aufgabe besteht. Es wird eingesetzt, um Gedanken zu ordnen und um sich einen Überblick zu verschaffen. Das Verwandtschaftsdiagramm sammelt große Mengen an schriftlichen Informationen und organisiert Informationen in Gruppen und Kategorien auf Grundlage eines natürlichen Zusammenhangs (Verwandtschaft), der zwischen diesen besteht.

Welchen Vorteil bietet das Verwandtschaftsdiagramm?

Das Werkzeug ist auf mancherlei Weise souverän. Zunächst kommen alle zu Wort, und alle Ideen werden anerkannt. Die Übung wird nicht als bedrohlich empfunden und kann nahezu anonym erfolgen, wenn entschieden wird, den Gruppenleiter die Zettel einsammeln zu lassen. Schnell und einfach erarbeitet die Gruppe viele Ideen, und es ist möglich, Einigkeit auf demokratische Weise in Bezug darauf zu erzielen, womit man sich auch weiterhin beschäftigen möchte.

Wann kann das Verwandtschaftsdiagramm eingesetzt werden?

Das Verwandtschaftsdiagramm lässt sich in äußerst vielen Situationen einsetzen. Eine Faustregel lautet, dass man dieses Werkzeug einsetzen kann, wenn sich folgende Fragen mit „Ja" beantworten lassen:

1. Ist das Problem oder die Aufgabe sehr komplex und nur schwer verständlich?
2. Ist das Problem oder die Aufgabe unklar, unübersichtlich oder wird es/sie als erdrückend empfunden?
3. Wäre es vorteilhaft, eine Gruppe für die Arbeit an der Aufgabe/dem Problem einzusetzen?

Wie wird das Verwandtschaftsdiagramm angefertigt?

1. Wählen Sie einen Gruppenleiter. Dem Gruppenleiter obliegt die Zuständigkeit, die Gruppe Schritt für Schritt zu einem fertigen Verwandtschaftsdiagramm zu führen. Die Anzahl der Gruppenmitglieder sollte zwischen vier und sieben betragen. Es dürfen auch mehr sein, aber dann sollte man beachten, dass sich leicht Untergruppen bilden können! Die Sitzordnung entspricht der Darstellung unter Prozessablaufplan (S. 97) und Flussdiagramm (S. 102).

2. Erörtern Sie das Problem/die Aufgabe. Nehmen Sie sich mindestens fünf Minuten Zeit, um sich darauf zu einigen, was die Problemstellung besagt. Worin besteht die *eigentliche* Aufgabe, die Sie zu lösen haben? Sorgen Sie dafür, dass alle dieselbe Auffassung vertreten, bevor Sie fortfahren.

Methoden, Werkzeuge und Vorlagen

3 Kleben Sie drei oder vier Flipchartblätter zusammen und hängen Sie sie an die Wand. Notieren Sie die Aufgabe, die Sie erarbeitet haben, oben links, zum Beispiel:

- „Was hindert uns daran, …"
- „Worin besteht das größte Problem darin, zu …"
- „Was müssen wir tun, um …"

4 Verteilen Sie Klebezettel, ca. 12 x 8 cm (zum Beispiel Post-it) und schwarze Kugelschreiber oder Marker, damit alle groß und deutlich schreiben können. Beginnen Sie mit dem Brainstorming und sammeln Sie Ideen.

Notieren Sie nur eine einzige Idee oder eine Maßnahme auf jedem Klebezettel. Formulieren Sie das zu behandelnde Problem oder Thema ganz konkret – vermeiden Sie Stichworte und Abkürzungen, und formulieren Sie am besten vollständige Sätze, damit Sie deren Bedeutung auch später noch verstehen. Jedes Gruppenmitglied notiert seine Antworten auf die jeweilige Fragestellung – ein gelber Zettel für jede Idee – und bringt diese auf dem Flipchart an. Setzen Sie diesen Prozess fort, bis alle Ideen vorgebracht wurden. Stillarbeit.

Die Regeln für das Brainstorming sind genau zu befolgen: Keine Idee darf kritisiert werden, alle müssen dieselbe Möglichkeit zum Vortragen ihrer Ideen haben – Quantität geht vor Qualität, und Aufspringen auf die Ideen der anderen ist nicht nur erlaubt, es sollte sogar dazu ermuntert werden. Werfen Sie daher einen Blick auf das, was die anderen geschrieben haben, wenn Sie Ihre Zettel aufhängen. Darin liegt ja einer der großen Vorteile beim Brainstorming! Mindestens 25 Ideen sollten es sein, aber halten Sie sich nicht länger als 15 bis 20 Minuten damit auf.

5 Der Gruppenleiter beginnt die Arbeit mit der Durchsicht jedes einzelnen Zettels und sorgt dafür, dass alle sich darin einig sind, dass alles konkret genug ist und alle den Sinn

Diese Antworten sind beim Brainstorming zur Fragestellung zusammengekommen.

113

Ich leite eine Kita

verstehen. Dies darf nicht zu lange dauern! Auch hier ist es weder erlaubt zu kritisieren noch zu diskutieren! Zettel mit gleicher Bedeutung werden entfernt oder übereinander angebracht, damit alle wahrnehmen, dass sie einen Beitrag geleistet haben.

6 Nun ist Zeit für die Gruppierung. Die Gruppenmitglieder kommen zum Flipchart und bringen Zettel ähnlich lautenden Inhalts in derselben Gruppe an. Achten Sie streng darauf, dass Zettel aus einer Gruppe eng miteinander verwandt sein müssen. Es ist besser, viele Gruppen zu bilden als eine einzige Gruppe zu stark zu vergrößern. Alle nehmen an der groben Sortierung teil, arbeiten aber so lange wie möglich in Stille. Einige Zettel passen vielleicht in gar keine Gruppe hinein – lassen Sie diese als „einsame Wölfe" übrig. Es ist erlaubt, die Zettel der anderen zu verschieben, und es könnte ja auch passieren, dass jemand Ihre Zettel verschiebt! Erst wenn Uneinigkeit über die Platzierung eines Zettels besteht und dieser hin- und hergeschoben wird, darf man damit beginnen, sich über die Platzierung zu unterhalten und Argumente für die Platzierung vorzubringen. Es besteht keine Forderung nach einem Konsens, und bei Uneinigkeit kann eine Abstimmung durchgeführt werden (S. 130).

7 Fertigen Sie jetzt neue Zettel an und ermitteln Sie nach einer Diskussion die inhaltliche Essenz jedes verwandten Aspektes. Arbeit mit den verwandten Zetteln und mit der Gruppe abschließen.

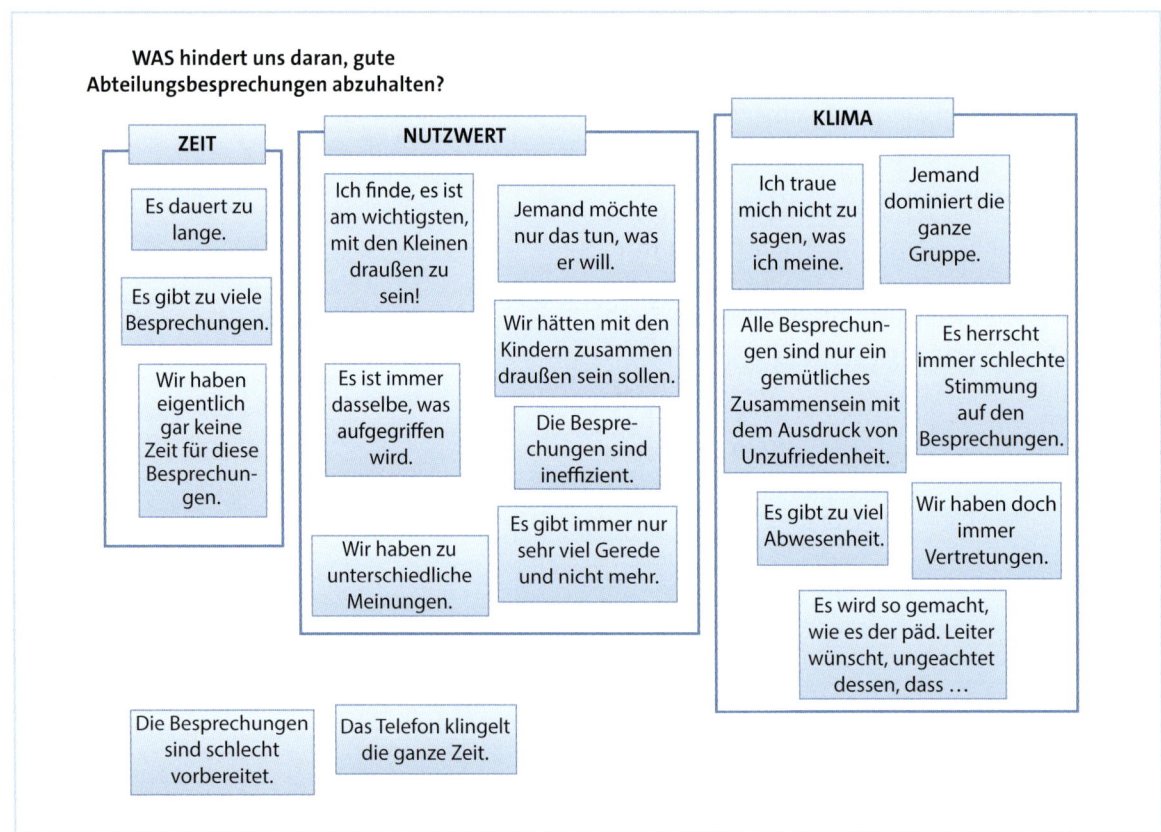

Die Verwandtschaften der gesammelten Aussagen werden hergestellt

114

Wie zieht man aus dem Verwandtschaftsdiagramm den größtmöglichen Nutzen?

Eine Abstimmung kann für die weitere Arbeit hilfreich sein: Was ist vorrangig in Angriff zu nehmen?

Jedem Gruppenmitglied stehen 3 + 2 + 1 Punkte zur Verteilung zur Verfügung. Drei Punkte sind an die Lösungsidee zu vergeben, die als die beste erachtet wird. Alle Gruppenmitglieder markieren mit Bleistift ihre Punktzahl auf jenen Zetteln, die sie für Ihre Arbeit als die wichtigsten erachten. Addieren Sie die Punkte, und zeichnen Sie um die Kästchen verschiedene Farben: Rot ist am wichtigsten, Blau am zweitwichtigsten und Grün am unwichtigsten. Priorisieren Sie die Arbeit mit den Ideen, die die meisten Stimmen erhalten haben. Legen Sie dafür ein Ziel und einen Maßnahmenplan fest, um das Ziel zu erreichen.

Das Fischgrätendiagramm kann eingesetzt werden, um die Funde in leicht verständlicher Form im Verwandtschaftsdiagramm anzubringen (S. 82). Die verwandten Aspekte sind dann durch Fischgräten repräsentiert und liefern einen guten Überblick. In der Abbildung auf der folgende Seite ist dargestellt, was die Kindertagesstätte im Hinblick auf ihre Basiskompetenzen ermittelt hat. Viele Mitteilungen und Gedanken erhalten auf diese Weise einen übersichtlichen Platz.

Ich leite eine Kita

In unserer Kindertagesstätte meinen wir, dass dies typische kommunikative Fertigkeiten sind:

- Zuhören können, was andere sagen
- Kommunizieren können, ohne sich gegenseitig anzuschreien oder zu schlagen
- Aus sich herausgehen, z. B. seinen Gefühlen Ausdruck verleihen können
- Sich auf vielerlei Weise ausdrücken können, um sich verständlich zu machen
- Zeichen, Gesten, Geräusche und Worte
- Nachmachen und imitieren

- Die größeren Kinder müssen in der Lage sein, über etwas zu berichten, was geschehen ist oder geschehen wird.
- Weniger Kinder sollten ihre Grundbedürfnisse anmelden können, z. B.: „Ich habe Durst."
- Sich bedanken, wenn jemand etwas bekommt; grüßen, wenn jemand kommt oder geht

In unserer Kindertagesstätte meinen wir, dass dies typische soziale Kompetenzen sind:

- Warten können, bis man an der Reihe ist
- Andere Kinder in das Spiel einbeziehen. „Ja" sagen, wenn jemand fragt
- Spiele ausleihen können
- Fragen können, ob jemand etwas wünscht
- Selbstkontrolle bewahren
- Aufhören können, wenn jemand sagt: „Nein, das möchte ich nicht!"
- Sich bedanken, wenn man etwas bekommt und grüßen, wenn jemand kommt oder geht

Empathie

- Trösten und helfen können
- Begreifen, dass jemand Schmerzen hat, wenn er oder sie geschlagen wird
- Aktiv sein und sich gemeinsam mit anderen Kindern einordnen
- Man muss lernen zu akzeptieren, dass man nicht immer der Erste und Beste sein kann.
- Verstehen, dass jemand traurig wird, wenn er oder sie nicht mitspielen darf
- Die Bedürfnisse anderer und nicht nur die eigenen erkennen

→ **Basiskompetenzen**

- Wir müssen unsere Ziele für die Entwicklung der Kinder in Zusammenarbeit mit den Eltern festlegen.
- Wir müssen individuelle Pläne für jedes Kind erstellen.
- Wir müssen Kinder individuell behandeln. „Gerechtigkeit ist nicht dasselbe wie Gleichheit."

- Wir müssen in altersspezifisch zusammengestellten Gruppen arbeiten.
- Wir müssen „Fachpläne" erarbeiten.
- Wir müssen das Selbstvertrauen derjenigen Kinder aufbauen, die dies benötigen.
- Wir müssen die Aktivitäten in Übereinstimmung mit dem jeweiligen Reifegrad der Kinder gestalten, damit sie Erfolgserlebnisse haben.

- Wir müssen Gruppen quer durch die Kindertagesstätte bilden.
- „Was müssen 2-jährige, 3-jährige, 4-jährige und 5-jährige Kinder lernen?" Progressiv denken in allem, was wir tun

In unserer Kindertagesstätte möchten wir auf folgende Weise dafür arbeiten, dass die Kinder ihre Kenntnisse mit Ausgangspunkt in ihrem eigenen Reifegrad entwickeln können:

Das Verwandschaftsdiagramm diente hier als Vorlage für das Fischgrätendiagramm, welches übersichtlich die ermittelten Basiskompetenzen darstellt.

Der PDSA-Zyklus

Themen: ⇨ Qualitätsentwicklung ⇨ Problemlösung ⇨ Kompetenzentwicklung

Der PDSA-Zyklus ist nicht nur ein Werkzeug zur Gewährleistung der Nachverfolgung – er ist das „Herzstück" jeglicher Qualitätsarbeit. Er lässt sich für kleinere und größere Aufgaben einsetzen – von der Planungsphase bis zu dem Punkt hin, an dem wir erkennen können, ob wir erreicht haben, was wir wollten.

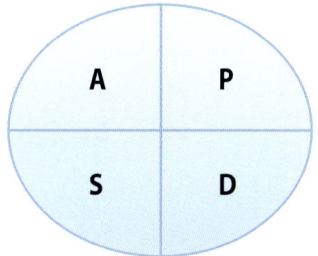

Der Statistiker W. Edwards Deming (1900–1993) wird gern als Vater der modernen Qualitätsarbeit bezeichnet. Er schuf ein System zur Nachverfolgung der laufenden Qualitätskontrolle, während er gleichzeitig über ein Auswertungssystem zur ständigen Verbesserung der Qualität verfügte – also sowohl Qualitätskontrolle als auch Qualitätsentwicklung. Das System ist als Deming-Rad, Verbesserungsrad oder eben als PDSA-Zyklus bekannt geworden und besteht aus diesen Phasen:

- Planen oder Aufstellen einer Hypothese **(Plan)**
- Durchführen oder Testen **(Do)**
- Bewertung der Zielerfüllung **(Study)**
- Handeln oder Durchführen korrigierender Maßnahmen **(Act)**

Wie sieht der PDSA-Zyklus aus?

Der PDSA-Zyklus zeigt auf einfache Weise, wie der gesamte Arbeitsprozess aussieht, und er lässt sich für die meisten Aufgaben sowie zur Problemlösung einsetzen. Als Beispiele können die Jahresplanung oder der Einsatz als praktisches Werkzeug in den Abteilungen/Stammgruppen oder im Kollegium zur Verbesserung, Entwicklung oder Erprobung eines pädagogischen Konzept oder Programms dienen.

Der Zyklus wird in vier Teile eingeteilt, wobei jeder Teil eine gleich wichtige Phase im Rahmen der Verbesserungsmaßnahmen darstellt. Auf den ersten Blick könnte das Modell vielleicht etwas banal wirken, aber wir können Ihnen versichern, dass es in der Praxis äußerst wirkungsvoll ist.

Wenn Sie eine Phase übersprungen oder die Reihenfolge der einzelnen Phasen geändert haben, werden Ihre Ergebnisse natürlich auch entsprechend aussehen! Man muss stets die Reihenfolge einhalten, um gute Ergebnisse zu erzielen. Die Buchstaben im PDSA-Zyklus stehen für Plan – Do – Study – Act, und im Deutschen lautet die am besten zutreffende Übersetzung: Planen, Ausführen, Bewerten und Verwerten, was gut ist!

Aufgrund unserer langjährigen Erfahrung mit dem PDSA-Zyklus haben wir festgestellt, dass er sich sogar noch effektiver einsetzen lässt, wenn wir den Zyklus etwas modifizieren und einige unterstützende Elemente einfügen.

Ich leite eine Kita

Beachten Sie, dass die P-Phase sehr viel umfangreicher als die anderen Phasen ist. Wir haben dies so eingerichtet, weil die Erfahrung lehrt, dass es nicht üblich ist, genügend Zeit für diese Phase anzusetzen. Der Eifer danach, endlich zu beginnen und Lösungen zu finden, ist groß. Aber eine umfassende und gute Planungsphase bewirkt das beste Ergebnis.

Was passiert in den verschiedenen Phasen?

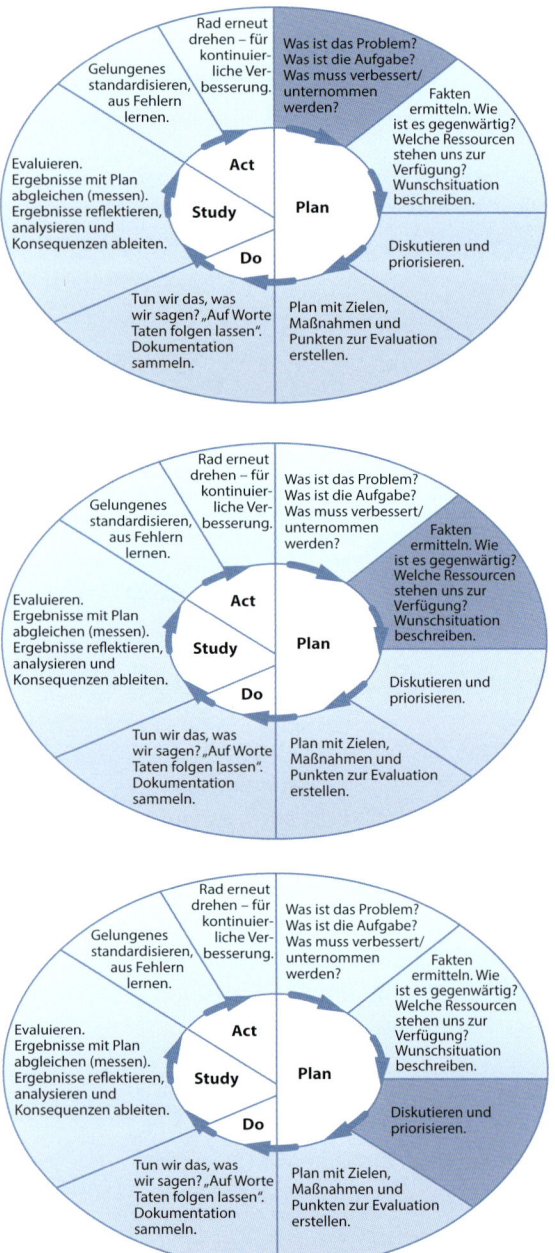

Phase 1 „PLAN": Planen

Das Erste in dieser Phase sollte sein, sich Zeit dafür zu nehmen, herauszufinden, worin das Problem/die Aufgabe besteht. Sollen sich mehrere Beteiligte gemeinsam mit der Aufgabe befassen, ist es wichtig, dass alle dieselbe Auffassung in Bezug darauf vertreten, was Sie tatsächlich erreichen möchten! In dem Buch **„Ich leite eine Kita. Fachwissen, Werte und Erfolgsgeschichten"** war das durchgehende Beispiel die Eingewöhnungszeit in der Kindertagesstätte. Nun werden wir uns das Problem der „wasserdichten Schotten" zwischen den Abteilungen einer Kindertagesstätte mit vier Abteilungen anschauen und wie man es geschafft hat, zu einer einheitlichen Kindertagesstätte zu werden.

Viele Jahre lang haben die beiden Kinderkrippen oben und die beiden Kindergärten unten im Haus in nahezu keinerlei Hinsicht miteinander kooperiert – weder in Bezug auf die Kinder noch die Angestellten untereinander. Wenn unten Krankheit herrscht, heißt das nicht gleichzeitig, dass sich oben, wo alle gesund sind, jemand rührt. Und draußen heißt es „meine" Kinder und „deine" Kinder. Kinder nehmen nur wenig Kontakt zu anderen als „ihren eigenen" Erwachsenen auf.

Als nächstes gilt es, Fakten zu ermitteln und danach herauszufinden, welche Art von Ressourcen uns zur Verfügung stehen. Diese können unter anderem Geld, Zeit oder die Zahl der mit der Sache beschäftigten Angestellten beinhalten.

Was möchten wir erreichen? *Wir hätten gern eine einheitliche Kindertagesstätte, die alle Lasten gemeinsam trägt, die bei Erkrankungen unterstützen und helfen kann – mit pädagogischen Konzepten und mit Zusammenarbeit in Bezug auf die Kinder, damit alle für alle Kinder verantwortlich sind. Wir wünschen uns auch, dass die Kinderkrippen und die Kindergärten sehr viel intensiver als heute miteinander kooperieren können. Es gibt viele verschlossene Türen auf jeder Etage.*

Methoden, Werkzeuge und Vorlagen

In der Phase der Erörterung und Priorisierung geht es in unserem ausgedachten Fall vor allem darum, Einigkeit zu erzielen und zu erkennen, welche Folgen mangelnde Zusammenarbeit sowohl für Kinder und Eltern als auch für Angestellte hat.

Im letzten Teil der P-Phase geht es um die Aufstellung eines verbindlichen Plans mit Zielen und Maßnahmen. Unsere Behauptung lautet, dass wir zumeist erst dann damit beginnen, wenn wir ein Problem oder eine Aufgabe zu lösen haben. Wenn wir die Grundsätze des PDSA-Zyklusses befolgen, ist tatsächlich noch ziemlich viel zu tun, ehe man es schafft, konkrete Ziele und Maßnahmen festzulegen. In unserem ausgedachten Fall könnte dies folgendermaßen aussehen:

ZIEL: Wir möchten gern eine einheitliche Kindertagesstätte und nicht vier Kitas in einem Haus oder auf zwei Etagen haben, die vollkommen getrennt voneinander agieren.
ZUSTÄNDIG: Geschäftsführer und die Pädagogischen Leiter.
FRIST: 15. Juni 2016

Nr	Maßnahme	Kommentare
1	Jede Abteilung erörtert die Problemstellung und legt schriftliche Vorschläge dafür vor, wie wir vorgehen sollen. Dies wird bei der Teamleitungsbesprechung erörtert, und dann wird ein gemeinsamer Maßnahmenplan aufgestellt.	
2	Für jeden Tag wird eine Morgenbesprechung angesetzt, bei der die Angestellten danach verteilt werden, wo der größte Bedarf wegen fehlenden Personals besteht.	
3	Die beiden Kindergärten unten werden festlegen, wann die Türen zwischen den Abteilungen geöffnet werden und welche Spielstationen sich in der einen und welche sich in der anderen Abteilung befinden sollen, damit das Angebot für die Kinder noch viel interessanter und reichhaltiger wird.	
4	Die Kinderkrippen oben machen dasselbe: abklären, wann die beiden Abteilungen eine Einheit und wann sie zwei getrennte Einheiten bilden sollen. Auch hier werden noch interessantere Spielstationen eingerichtet, die in jeder Abteilung verschieden sind.	
5	Auf dem Spielplatz draußen werden vier „Stationen" eingerichtet. Jede Abteilung ist einen Monat lang für ihre eigene Station zuständig, und für jede Station werden Datenbanken mit Ideen erstellt.	
6	Die Zusammenarbeit und deren Entwicklung werden bei jeder Abteilungsbesprechung und bei jeder Teamleitungsbesprechung auf die Agenda gesetzt.	
7	Die Zusammenarbeit ist auch bei den Mitarbeitergesprächen zu thematisieren.	
8	Alle Angestellten sollen dazu herausgefordert werden, mindestens einmal im Monat einen ganzen Tag lang in einer anderen als in ihrer eigenen Abteilung zu arbeiten.	
9	Schriftliche Mindeststandards werden für jene Bereiche erarbeitet, in denen sie fehlen.	

Ich leite eine Kita

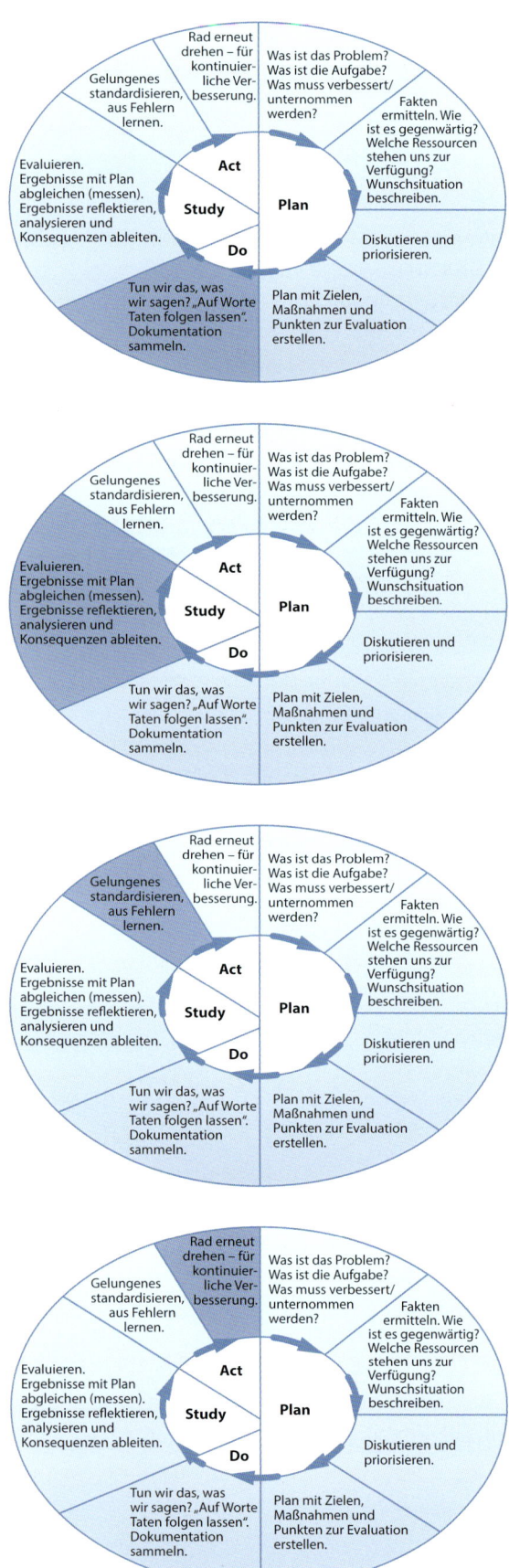

Phase 2 „DO": Durchführen

In dieser Phase geht es darum, das umzusetzen, was wir nach eigener Aussage umsetzen wollen – den Plan kurz und gut befolgen.

Phase 3 „STUDY": Bewertung

Bewerten Sie das Ergebnis unter Berücksichtigung der gesetzten Ziele. Ist alles planmäßig verlaufen? Wie gut funktioniert die Nachverfolgung? Was ist gelungen und was muss sich bis zum nächsten Mal ändern?

Die Morgenbesprechungen funktionieren gut. Sie dauern nicht sehr lange und liefern uns einen Überblick über den „Stand" in den anderen Abteilungen. Etwas schwierig, sich dahingehend umzustellen, so ganz spontan in einer anderen als seiner eigenen Abteilung zu sein. Die Stationen auf dem Außengelände sind einfach Spitze! Macht jetzt sehr viel mehr Spaß, auch draußen erwachsen zu sein – wir wissen, was wir zu tun haben! Die Kinder wenden sich öfter an alle Erwachsenen – dies wird besonders drinnen deutlich. Es ist offener zwischen unseren Abteilungen geworden, als wir uns das vorgestellt hatten. Bessere Spiele!

Phase 4 „ACT": Bewahre das, was gut gelaufen ist, lerne aus Fehlern.

In dieser Phase ist es wichtig, das einzuarbeiten, was bei den alltäglichen Arbeitsabläufen erfolgreich war: „So machen wir es in unserer Kindertagesstätte." Sorgen Sie stets dafür, dass alles, was sie erarbeitet haben, schriftlich festgehalten wird – in eigenen Dokumenten, die sowohl im Netz als auch auf Papier zugänglich sind. Es reicht nicht, wenn dies in einem Protokoll steht; dabei wird viel zu viel Zeit für die Suche nach dem „Darauf-haben-wir-uns-doch-geeinigt" verschwendet.

Drehen Sie den PDSA-Zyklus mit den neuen Kenntnissen erneut nach unten. Formulieren Sie neue Ziele. Für unseren ausgedachten Fall könnten diese sein:

Wir brauchen große Kästen, in denen wir Vorrichtungen für Eisenbahnspielzeug, Laden, Arztpraxis und so weiter unterbringen. Dies erleichtert es, aufzuräumen, wenn der Spieldrang nachlässt. Wir müssen draußen eine variable Station mit leicht zugänglichen Kästen einrichten. Dabei kann es sich um Seeräuber-Ausrüstung, Dinosaurier, Bauernhof und ähnliches handeln. Der Geschäftsführer kann gern etwas strenger zu uns sein, wenn es darum geht, in anderen Abteilungen zu arbeiten, auch gern mal einen Monat oder länger.

Der magische Strich

Themen: ⇨ Analyse, Bewertung, Reflexion und Auswertung ⇨ Kompetenzentwicklung

Was ist der magische Strich?

Der magische Strich ist ein einfaches Hilfsmittel, um Reflexionen über eigene Praxis und Verhaltensweisen in Gang zu setzen. Er kann eingesetzt werden, um jeden einzelnen Angestellten dazu zu bewegen, über seinen eigenen Einsatz in der Gemeinschaft zu reflektieren und diesen zu bewerten. Er kann aber auch vom Führungsteam oder vom gesamten Personal eingesetzt werden.

Wann kann der magische Strich eingesetzt werden?

Der magische Strich lässt sich in kleineren und größeren Besprechungen und Zusammenhängen, in Gesprächen zwischen zwei Personen und in einer ganzen Personalgruppe einsetzen. Es ist natürlich wünschenswert, dass man sich an der Oberseite des magischen Strichs befindet. Dort schaffen wir es, zu tun, was wir nach eigener Aussage tun müssen und geplant haben. Die Angestellten bekommen Verantwortung, und sie übernehmen diese. Sie erfüllen den festgelegten Anspruch: „Unsere Art, die Kindertagesstätte zu betreiben" – und es werden sachbezogene Beschlüsse gefasst. Befinden wir uns auf dieser Seite des magischen Strichs, befindet sich die Kindertagesstätte künftig in einem guten Qualitätsschwung. Gleiches gilt für die einzelnen Angestellten oder zum Beispiel für das Führungsteam der Kindertagesstätte. Dann sind positive Energie in der Organisation, ein hohes Maß an Wohlbefinden und gern auch geringe Fehlzeiten gegeben. Es macht Spaß, bei der Arbeit zu sein! Befinden wir uns allerdings immer noch unter dem magischen Strich, sollte sich etwas ändern. Das Erste, was dabei passieren muss, ist, den relationalen Mut aufzubringen, die Probleme anzupacken. Dabei kann der magische Strich behilflich sein. Als Leiter kann man zum Beispiel Folgendes sagen: „Inzwischen vertrete ich die Auffassung, dass es zu viele Entschuldigungen dafür gibt, was wir nicht gemacht haben oder wofür wir keine Zeit hatten. Was denken Sie, wenn ich das sage? Was können wir tun, um zur Oberseite des magischen Strichs zu gelangen?"

Auf dieselbe Weise können sowohl Leiter als auch Angestellte aktiv werden, wenn sie meinen, dass Jagd auf Sündenböcke gemacht oder geleugnet wird, dass es ein Problem ist, dass bestimmte Dinge nicht gemacht werden, obwohl gesagt und vermerkt wurde, dass sie eigentlich gemacht werden müssten. Der magische Strich kann also als Einstieg in die gemeinsame Reflexion eingesetzt werden, um dadurch die Praxis zu verändern. Es ist üb-

Zu eigen machen
Verantwortung
Einhaltung

Der magische Strich · Der magische Strich · Der magische Strich

Nach Sündenböcken suchen
Entschuldigungen
Leugnen

Der magische Strich

rigens nicht der Fall, dass man sich die ganze Zeit entweder über oder unter dem magischen Strich befindet – weder als Individuum noch als Personalgruppe. Aber es geschieht schnell, dass man sich gegenseitig herunterzieht, nach Einschränkungen statt nach Möglichkeiten Ausschau hält oder sich beklagt und Zeit für Dinge verschwendet, an denen man nichts ändern kann, da sie Bestandteil der Rahmenbedingungen sind. Befinden wir uns hingegen über dem magischen Strich, wird dies sowohl allen Angestellten als auch der gesamten Organisation Energie, Stolz und Motivation verleihen.

Wie zieht man aus dem magischen Strich den größtmöglichen Nutzen?

Wir empfehlen die Anfertigung mehrerer Abbildungen des magischen Strichs und diese an Büroplätzen und im Personalraum aufzuhängen. Dann kann man leicht darauf verweisen und die Reflexion in Gang setzen. Manchmal kann es ausreichend sein, zu sagen: „Inzwischen meine ich, dass wir viel zu lange unter dem magischen Strich waren; lassen Sie uns an die Oberseite kommen!"

Der magische Strich kann auch als Abbildung und Unterstützung eingesetzt werden, wenn die Leiter einzelnen Angestellten Rückmeldung darüber geben müssen, dass ihr Verhalten einer Änderung bedarf, um positive Beiträge für die Kindertagesstätten-Gemeinschaft leisten zu können.

Methoden, Werkzeuge und Vorlagen

Kompetenztreppe

Themen: ⇨ Kompetenzentwicklung

Lernen ist ein Prozess, der uns in unserer eigenen intellektuellen Entwicklung voranbringt und Inkompetenz in Kompetenz umwandelt. Man hat unzählige Bücher über das Lernen geschrieben und eine Unzahl verschiedener Modelle für das Lernen entwickelt. Als Leiter ist es wichtig, dass man auf die Entwicklung der Kompetenzen jedes einzelnen Mitarbeiters fokussiert ist, damit alle Angestellten persönliches Wachstum erleben, die Kindertagesstätte sich als Organisation entwickelt und – nicht zuletzt – dass sowohl Kinder als auch Eltern ausschließlich Angestellte mit hoher fachlicher Kompetenz erleben und erfahren. Wir werden noch ein weiteres Mal auf Angestellte zurückkommen, die das Was, Wie und Weshalb erklären können.

In dem Buch **„Ich leite eine Kita. Fachwissen, Werte und Erfolgsgeschichten"** (S. 189) können Sie etwas über den Dunning-Kruger-Effekt erfahren. Die Psychologen David Dunning und Justin Kruger haben beschrieben, dass einige Menschen einen sehr ausgeprägten Glauben an ihre eigenen Fertigkeiten und Fähigkeiten besäßen und dass der Glaube an diese eigenen Fertigkeiten oftmals genau damit verknüpft sei, dass ihnen genau diese Fertigkeiten und Fähigkeiten fehlten. Die von ihnen durchgeführten Studien an der Cornell University haben ergeben, dass die Menschen, die eher das sind, was sie als „unbewusst inkompetent" beschrieben haben, sich selbst als äußerst kompetent begreifen können. Gleichzeitig haben sie beschrieben, dass Menschen, die sehr kompetent seien, sich selbst auf demselben Kenntnis-

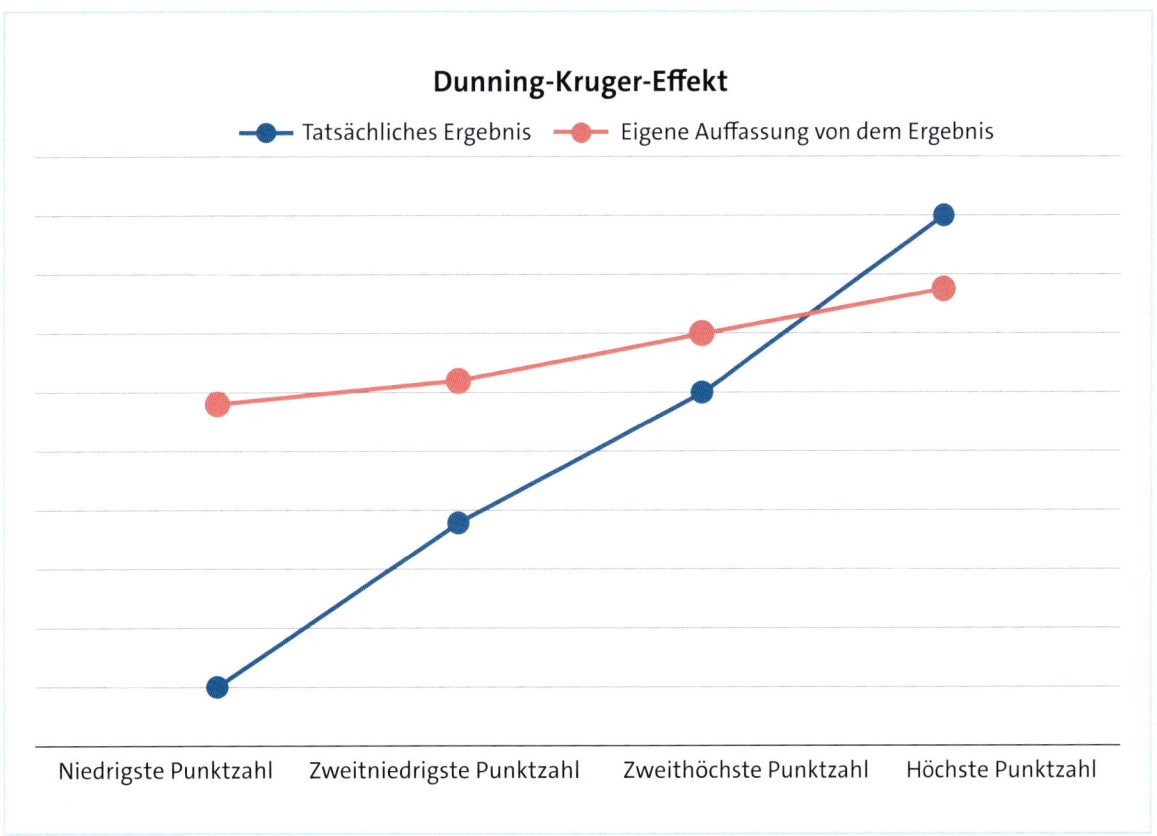

Veranschaulichung des Dunning-Kruger-Effektes

Ich leite eine Kita

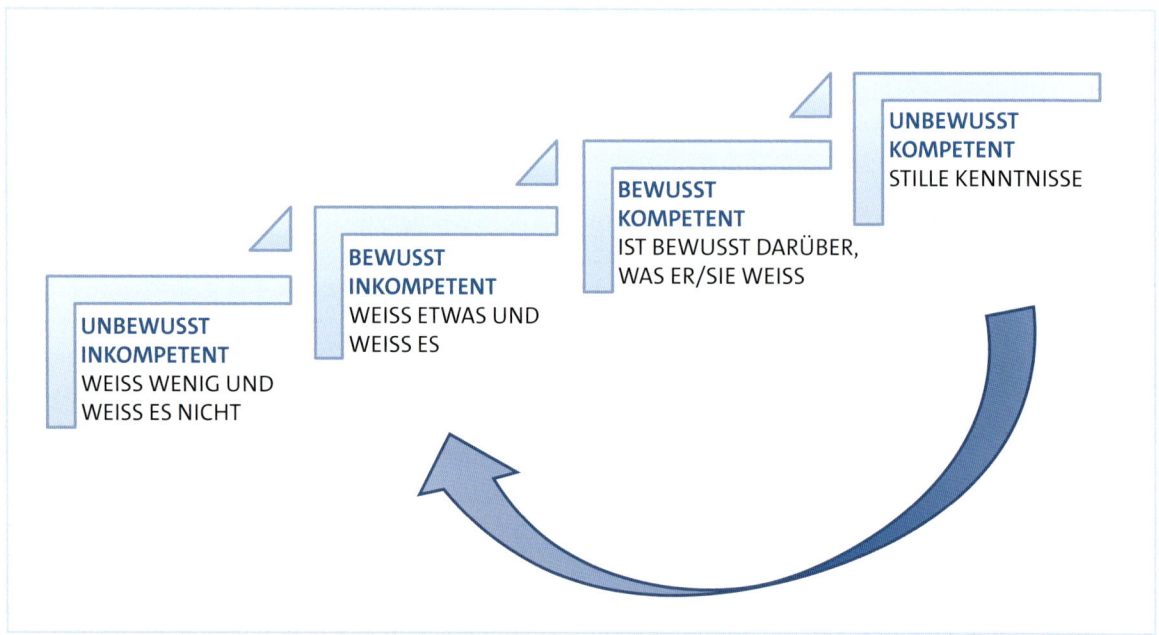

Kompetenztreppe

stand wie die meisten anderen begreifen würden, dass sie demnach dahin tendierten, ihre eigenen Kenntnisse zu unterschätzen.

In dem Beispiel sprechen wir über vier Stufen von Kompetenz: Diejenigen, die die niedrigste Punktzahl erreicht haben, sind unbewusst inkompetent, die mit der zweitniedrigsten Punktzahl sind bewusst inkompetent, die mit der nächsthöheren Punktzahl sind bewusst kompetent, und die mit der höchsten Punktzahl sind unbewusst kompetent.

Die Kompetenztreppe ist also in vier verschiedene Stufen aufgeteilt:

- Wenn wir auf **Stufe 1** sind (unbewusst inkompetent) haben wir nur geringe Kompetenzen und wenige Fertigkeiten, sind uns darüber vielleicht aber nicht so im Klaren.

- Auf **Stufe 2** (bewusst inkompetent) verfügen wir nach wie vor über nur wenige Kompetenzen und haben auch nicht die Fertigkeiten, die für uns wünschenswert wären, aber wir sind uns darüber im Klaren.

- Auf **Stufe 3** (bewusst kompetent) sind wir auf einer Stufe angelangt, auf der wir kompetent sind und uns unserer eigenen Kenntnisse bewusst sind.

- Auf **Stufe 4** (unbewusst kompetent) sind wir an einem Punkt angelangt, an dem wir so kompetent sind, dass wir nicht länger daran denken müssen. Dies ist nahezu ein unbewusster Teil von uns geworden und führt dazu, dass wir etwas „einfach tun".

Sowohl in der eigenen Entwicklung als auch in der Entwicklung der Kindertagesstätte als lernender Organisation ist es wichtig, sich von der Stufe, auf der man unbewusst inkompetent ist, zu dem Punkt zu bewegen, der auf der Kompetenztreppe als unbewusst kompetent beschrieben wird. In der Abbildung der Kompetenztreppe ist auch ein rückwärts zeigender Pfeil eingefügt – eine Rückführungsschleife zur nächstniedrigeren Stufe „bewusst inkompetent". Dadurch soll illustriert werden, dass es auch dann, wenn man eine Stufe mit eigenen Fertigkeiten erreicht hat, auf der man Aufgaben „blind" ausführen kann, wichtig ist, sich daran zu erinnern, dass immer noch Raum für weitere Kenntnisse vorhanden ist. Es gibt ein Sprichwort, das lautet, dass „wer meint, fertig ausgelernt zu haben, nicht ausgelernt hat, sondern fertig ist",

Methoden, Werkzeuge und Vorlagen

und die Fähigkeit, ständig neue Kenntnisse mit vorhandenen Kenntnissen verbinden zu können, ist das, was aus uns lernende Menschen und Organisationen macht.

Wie können wir unsere eigene Kompetenz und die Kompetenz anderer erhöhen?

Die meisten Werkzeuge in diesem Buch eignen sich sowohl zur Entwicklung unserer eigenen als auch der Kompetenz, Fertigkeiten, Denkfähigkeit und Reflexionsfähigkeit von anderen. Einige Werkzeuge und Methoden sind allerdings besonders wichtig bei unserer Arbeit zur Kompetenzentwicklung:

Die sechs Denkhüte (S. 44)

Menschen, die einen überzogenen Glauben an ihre eigenen Kenntnisse und Fertigkeiten haben, haben diese Kenntnisse oftmals aus verschiedenen Quellen und Erfahrungen bezogen und diese zu einem Ganzen zusammengefügt, das zu den eigenen Auffassungen und Werten passt. Durch den Einsatz des weißen Denkhutes (der sich die Fakten vornimmt), lassen sich Fiktion und Fakten voneinander trennen. Ja, es sind Fakten, die man in der Zeitung gelesen hat, aber sind das auch wirklich Fakten, die in der Zeitung stehen? Dies ist gar nicht mal so sicher, und es sollten stets mehrere Quellen überprüft werden.

Beim roten Hut geht es um Emotionen. Ein sehr großer Teil von Diskussionen ist von Emotionen geprägt. Selbst wenn man fühlt, dass „etwas richtig ist", braucht dies nicht zu heißen, dass es auch richtig ist. Aussagen und Entscheidungen sollten ebenfalls mit dem aufgesetzten schwarzen Hut überprüft werden. Sind etwaige Nachteile oder negative Folgen zu erwarten, wenn man etwas genau auf diese Weise tut?

Bloomsche Taxonomie (S. 36)

Die Taxonomie beschreibt die Stufen dafür, wie wir uns vom grundlegenden Faktenwissen zu reflektierenden Individuen bewegen können. Die Bloomsche Taxonomie ist ein Modell, das eng mit der Lerntreppe verknüpft ist.

Netzdiagramm (S. 70)

Ein Netzdiagramm kann eingesetzt werden, um den Unterschied zwischen den eigenen Bewertungen im Vergleich zu den Bewertungen desselben Gegenstandes durch Dritte zu erkennen. Hier können wir ermitteln, wo die Kluft zwischen dem liegt, was man nach eigener Einschätzung kann, und dem, wo man sich nach Einschätzung anderer wirklich befindet.

SWOT-Analyse (S. 75)

In diesem Buch haben wir beschrieben, wie wir eine Analyse der starken Seiten, der schwachen Seiten, der Möglichkeiten und der Risiken der Kindertagesstätte durchführen können. Genauso kann man eine derartige SWOT-Analyse seiner eigenen Person durchführen – gemeinsam mit einem Kollegen oder allein. Was sind meine starken Seiten, wo habe ich schwache Seiten oder „Lücken" in Kenntnissen oder Fertigkeiten, wie kann ich meine starken Seiten weiter ausbauen und in den schwachen Seiten „die Lücken stopfen", und was kann mich eventuell am Erreichen meiner Ziele hindern? Genauso wie bei der SWOT-Analyse für die Kindertagesstätte gilt es auch hier, ehrlich zu sein und die Wirklichkeit nicht zu „vertuschen". Das Ziel besteht ja nicht in der Abklärung dessen, wie „schlecht" wir sind, sondern herauszufinden, wie wir eine noch bessere Ausgabe von uns selbst werden können!

Der magische Strich (S. 121)

Der magische Strich ist in diesem Zusammenhang ebenfalls nützlich. Eine Änderung kann schmerzhaft sein und Angestellte weit über ihre eigene

Ich leite eine Kita

Komfortzone hinaus herausfordern. Dann ist es wichtig, sich daran zu erinnern, dass das Ziel Wachstum und Entwicklung lautet.

Individuelle Einzelgespräche (S. 127)

Zusätzlich zu den oben erwähnten Werkzeugen sind *indiv*iduelle Gespräche ein herausragendes Werkzeug für die Mitarbeiterentwicklung. Nicht nur, dass die Angestellten hier Rückmeldungen zu ihrer eigenen Arbeit und ihrer eigenen Kompetenz bekommen, sondern die Angestellten werden auch „wahrgenommen". Genauso, wie wir darauf Wert legen, dass alle Kinder jeden Tag „wahrgenommen" werden, ist es wichtig, „alle Angestellten wahrzunehmen". Dies führt zu Wachstum und Wohlbefinden.

Mitarbeitergespräche (S. 139)

Ein Mitarbeitergespräch ist im Vertragswerk als geplantes, vorbereitetes und persönliches Gespräch definiert. Fachliche und persönliche Entwicklung ist wesentlicher Bestandteil des Mitarbeitergesprächs.

Andere Werkzeuge und Methoden

Es gibt noch eine Unzahl weiterer Werkzeuge und Methoden, die sich einsetzen lassen, um uns in der Kompetenztreppe nach oben zu bringen, zum Beispiel: Videoaufnahmen, Anleitungen/Coaching, Hospitationen in anderen Kindertagesstätten, pädagogische Lesezirkel.

Individuelle Einzelgespräche

Themen: ⇨ Kompetenzentwicklung

Was sind individuelle Einzelgespräche?

Individuelle Einzelgespräche sind ein Treffpunkt zwischen Leitung und Mitarbeiter, die in häufigen und regelmäßigen Abständen erfolgen. Sie dauern selten länger als 30 bis 45 Minuten. Sie können auch gern kürzer sein – weniger als 20 Minuten sind allerdings unserer Ansicht nach nicht empfehlenswert. Sie sollten am besten einmal im Monat stattfinden, gern aber auch öfter. Individuelle Gespräche ersetzen nicht die Mitarbeitergespräche, Teamleitungsbesprechungen oder Abteilungs-/Stammgruppenbesprechungen.

Wann können individuelle Einzelgespräche eingesetzt werden?

Individuelle Gespräche sind, wie der Name schon sagt, eine Bühne für das Individuum, nicht für eine Gruppe. Auch wenn man in einer Kindertagesstätte angestellt ist, sind alle Angestellten verschieden. Sie haben unterschiedliche Kenntnisse, Verständnisse, Erfahrungen, Rollen und Bedürfnisse. Individuelle Gespräche können in ihrer Form und ihrer Regelmäßigkeit diejenige Wachstumsbühne sein, die alle Angestellten benötigen. Denn wie sollen wir ansonsten dafür sorgen, dass beispielsweise neue Kenntnisse wirklich „an Bord genommen" und in die tägliche Praxis umgesetzt werden? Wie sollen wir als Leiter gewährleisten, dass alle Angestellten wahrgenommen und angehört und auf ihrem individuellen Niveau herausgefordert werden? Soll eine Änderung erfolgen, muss jedes Individuum selbst verstehen, weshalb es sich ändern soll. Wir als Leiter haben die Erfahrung gemacht, dass dies am besten dadurch erfolgt, dass Fragen gestellt werden. Nicht irgendwelche Fragen; es müssen offene Fragen sein, die die Gedanken in Schwung bringen. Offene Fragen, wie zum Beispiel: „Können Sie mir erklären …?" oder „Was haben Sie sich dabei gedacht, als …?" haben einen ganz anderen Effekt als: „Weshalb haben Sie … getan?" oder „Wie konnten Sie nur … tun?" Die beiden ersten Fragen zeigen Neugierde und Interesse, während die beiden letzten Fragen sowohl Verteidigung als auch Widerstand bewirken können. Da wir es nicht gewohnt sind, danach gefragt zu werden, was wir denken, und darüber hinaus unsere Gedanken und Ideen stets begründen müssen, ist es erforderlich, eine sichere Probebühne zu haben. Individuelle Einzelgespräche können eine solche Bühne darstellen.

Es gibt mehrere Bereiche, in denen individuelle Einzelgespräche eingesetzt werden können:

- Etwas aufzugreifen, was geändert werden sollte oder was von einem Mitarbeiter nicht gut genug umgesetzt wird, sollte unter vier Augen erfolgen. Von anderen kritisiert zu werden, kann schon schwierig genug zu bewältigen sein; aber von einem Leiter in Anwesenheit anderer Personen kritisiert zu werden, kann sehr starke Reaktionen auslösen. Sich vor Dritten ausgezogen und entblößt zu fühlen, ist etwas, was niemand gern mag. Ab und zu ist es allerdings erforderlich, Dinge aufzugreifen, die einer Änderung bedürfen. Eine einfache, aber gute Regel lautet: „Lob im Plenum, Tadel unter vier Augen."

- Alle Angestellten sind unterschiedlich. Wir haben unterschiedliche Bedürfnisse und benötigen verschiedene Formen der Unterstützung. Die Unterstützung kann – angepasst an das individuelle Gespräch – dadurch gewährt werden, dass die Person, mit der Sie ein Gespräch führen müssen, Dinge notiert hat, über die sie sich Gedanken macht; Vorfälle, die sie mit Kindern, Eltern oder anderen Angestellten erlebt

Ich leite eine Kita

hat, bei denen sie vielleicht unsicher geworden ist, sodass sie das Bedürfnis hat, Reaktionen und Gefühle zu erörtern.

- Als Geschäftsführer oder Pädagogischer Leiter kann es auch für Sie Dinge geben, die Sie wahrgenommen haben und auf die Sie gern das Augenmerk richten würden. Dies können Bereiche sein, bei denen Sie zu der Einschätzung gelangt sind, dass die Angestellten mehr Kenntnisse benötigten oder von einem anderen in Bezug auf das, was gesagt oder getan wurde, „gespiegelt" werden müssten.

- Es ist keinesfalls so, dass es immer nur um etwas gehen muss, das nicht gut genug ist. Im Gegenteil: Diese Bühne lässt sich auch einsetzen, um das zu veranschaulichen und bewusst zu machen, was gut ist und darüber zu reflektieren, weshalb dies der Fall ist.

Welchen Vorteil bieten individuelle Einzelgespräche, und wie werden sie durchgeführt?

Der größte Vorteil besteht, wie bereits oben erwähnt, in der individuellen Perspektive. Im Alltag sprechen Sie als Leiter selbstverständlich mit den einzelnen Mitarbeitern. Aber dies geschieht eher in informellen Zusammenhängen, und es wird vermutlich auch Mitarbeiter geben, mit denen Sie häufiger als mit anderen sprechen. Das formelle Gespräch mit dem einzelnen Angestellten ist in der Regel nur das Mitarbeitergespräch. Wir haben die Erfahrung gemacht, dass dies zu wenig ist, um eine erwünschte Änderung, Entwicklung bzw. ein Wachstum zu erreichen.

Ein weiterer Vorteil an den individuellen Gesprächen besteht darin, dass Sie als Leiter viel seltener in Ihrem Alltag unterbrochen werden. Eine Voraussetzung für die Durchführung individueller Gespräche ist übrigens, dass sowohl die Person, mit der Sie ein Gespräch führen müssen, als auch Sie selbst jeweils ein dafür vorgesehenes Buch haben, in dem Sie Kleines und Großes aufschreiben, was Sie im nächsten Gespräch aufgreifen müssen. So ist es etwa nur im Fall von Krisen und ernsthaften Themen, die unmittelbar aufgegriffen werden müssen, unumgänglich, den Kopf durch die Tür des Geschäftsführers oder der Geschäftsführerin zu stecken und etwas zu fragen. Sollte dies dennoch geschehen, ist es ganz wesentlich, dass Sie als Leiter mit einem Lächeln fragen, ob es denn sehr wichtig sei. Wird diese Frage verneint, bitten Sie den Betreffenden, dies in das Buch einzutragen.

Wir haben auch die Erfahrung gemacht, dass das Bedürfnis von Mitarbeitern, Frustrationen gegenüber falschen Zuhörern zu thematisieren, geringer wird, wenn sie wissen, dass höchstens ein paar Wochen vergehen werden, bis sie ihren Leiter das nächste Mal allein antreffen – es gibt weniger „Klatsch und Tratsch". Und wenn die individuellen Gespräche sehr häufig stattfinden, wird die Hürde dafür, Themen aufzugreifen, die jemandem auf dem Herzen liegen, immer niedriger werden. Es gibt übrigens keine dummen Fragen!

Wir empfehlen, dass der Geschäftsführer individuelle Gespräche mit den Pädagogischen Leitern abhält und dass diese Entsprechendes mit ihren Assistenten/pädagogischen Mitarbeitern tun. Es ist klug, offene Fragen zu stellen, bei denen nicht offensichtlich ist, was Sie selbst meinen. Beginnen Sie damit, dass Sie zunächst um die Gedanken des Mitarbeiters bitten, ehe Sie Ihre eigenen äußern. Fertigen Sie nach jeder Besprechung ein kleines Protokoll in einem Buch an – vielleicht nur einige Stichpunkte über das Wichtigste oder etwas, worauf Sie sich geeinigt haben.

Am Ende jedes individuellen Einzelgespräches empfehlen wir den Einsatz von Plus-Delta (S. 58) – des Auswertungswerkzeugs, das sowohl zum Schulterklopfen geeignet ist als auch Aufschluss darüber gibt, welche Änderung sinnvoll wäre, um beim nächsten Mal eine noch bessere Besprechung durchzuführen. Was beim Plus-Delta ermittelt wird, sollte ebenfalls in das Buch eingetragen werden.

Wie zieht man aus individuellen Einzelgesprächen den größtmöglichen Nutzen?

Häufigkeit ist ein wichtiger Erfolgsfaktor. Es ist nicht Zeit, von der die Kita-Angestellten laut eigener Aussage genug haben. Wie kann man dies nun in der Praxis schaffen? Was beispielsweise bewertet werden sollte, ist, ob die Abteilungs-/Stammgruppen- und Teamleitungsbesprechungen etwas seltener abgehalten werden könnten, um Zeit für individuelle Gespräche abzuweigen. Wir kennen auch Kindertagesstätten, die die für Abteilungsbesprechungen eingesetzte Zeit so stark reduziert haben, dass der Pädagogische Leiter am Ende jeder Abteilungsbesprechung 20 Minuten für ein individuelles Gespräch mit einem seiner pädagogischen Mitarbeiter ansetzen kann. Dies kann auch bei den Teamleitungsbesprechungen geschehen.

Der Geschäftsführer sollte über einen Zeitraum von gut einem halben Jahr mit den individuellen Gesprächen mit den Pädagogischen Leitern beginnen, bevor die Pädagogischen Leiter diese mit ihren Mitarbeitern führen. Dies ist wesentlich, um zu gewährleisten, dass die individuellen Gespräche verhältnismäßig einheitlich verlaufen.

Sorgen Sie dafür, dass die individuellen Gespräche in einer persönlichen und guten Atmosphäre stattfinden. Denken Sie daran, dass es sich dabei um eine Bühne für Wachstum und Entwicklung handelt! Sorgen Sie dafür, dass die Gesprächszeit abgeschirmt ist, so wie bei den Mitarbeitergesprächen. Als Leiter sind Sie besetzt – Sie nehmen weder Telefongespräche an, noch beantworten Sie Anfragen, wenn Sie diese Gespräche führen. Seriöse Anfragen gehören selbstverständlich zu den Ausnahmen.

Ich leite eine Kita

Abstimmungsverfahren

Themen: ⇨ Abstimmungsverfahren

Kriteriengestützte Abstimmung

Dieses Abstimmungsverfahren eignet sich gut nach Galerie-Rundgang (S. 17), Brainstorming mit gelben Zetteln (S. 10), Café-Runde (S. 31) und Verwandtschaftsdiagramm (S. 112). Vor der Abstimmung müssen sich die Teilnehmer auf einige Abstimmungskriterien einigen, damit alle dieselbe Grundlage für die anstehende Wahl haben. Beispiele für Kriterien können sein:

1. Muss unmittelbar anfangen können.
2. Muss vom Träger unterstützt werden.
3. Muss eine Alternative sein, die kein Geld kostet.

Wie wird die Kriteriengestützte Abstimmung eingesetzt?

Zeichnen Sie viereckige Felder auf einen Flipchart. Waagerecht, ganz oben, zeichnen Sie ein Feld für jedes Gruppenmitglied, und senkrecht zeichnen Sie ein Feld für jeden Vorschlag. Teilen Sie jedem einzelnen Vorschlag einen Buchstaben zu. Jeder Teilnehmer schreibt entsprechende Buchstaben auf sein eigenes Blatt und stellt mithilfe von Ziffern für die Vorschläge eine Rangordnung auf, sodass sie für Sie sichtbar sind. 1 steht für den unwichtigsten und 5 für den wichtigsten Vorschlag. Während dieser Phase des Prozesses wird in Stille gearbeitet. Danach schreiben die Teilnehmer ihre Zahlen auf den Flipchart.

Rechnen Sie die Rangordnungen aller Gruppenmitglieder zusammen.

	Aimee	Linn	Ine	Ingvild	Erik	
a) Elternversammlungen	2	2	2	3	2	11
b) Elterngespräche	3	5	5	4	4	21
c) Tägliche, beiläufige Gespräche	5	3	4	5	5	22
d) Elterncafé	4	1	1	1	3	10
e) Homepage und Hauszeitung der Kindertagesstätte	1	4	3	2	1	11

Das Beispiel zeigt eine Gruppe, die sich mit folgender Fragestellung beschäftigt hat: „Welches sind unsere wichtigsten Treffpunkte mit den Eltern?". Es wird sich nach Meinung der Gruppe insbesondere lohnen, sich mit den Alternativen B und C zu beschäftigen, damit diese Bühnen noch besser und effizienter werden.

Teile durch 2 und füge 1 hinzu

Dies ist ein Abstimmungsverfahren, das am besten passt, wenn man zwischen vielen Vorschlägen wählen kann. Zum Beispiel kann sie nützlich sein für Brainstorming mit gelben Zetteln und ohne gelbe Zettel (S. 10 und S. 12), Galerie-Rundgang (S. 17), Café-Runde (S. 31), Denkhüte (S. 44) und SWOT-Analyse (S. 75).

Wie wird „Teile durch 2 und füge 1 hinzu" eingesetzt?

- Zählen Sie, wie viele Vorschläge Sie haben. Nummerieren Sie die Sätze. Bei 20 Sätzen sind elf Punkte zu verteilen – mit anderen Worten: 20: 2 + 1. Bei 40 Ideen sind 21 Punkte zu verteilen. Es werden dann fünf Stimmen sein. Bei ungeraden Zahlen wird jeweils die höhere Zahl genommen – zum Beispiel 10, wenn es neun Stimmen sind. Legen Sie fest, über wie viele Vorschläge abgestimmt werden soll. Lassen Sie einige Minuten still verstreichen, in denen alle für sich festlegen können, wofür sie jeweils abstimmen möchten. Dies erfolgt, indem man auf ein eigenes Blatt Papier die Nummern notiert, denen man seine Stimme geben möchte.

- Es ist nur erlaubt, für jede Idee einen Punkt zu vergeben. Die Punkte vergeben Sie, indem Sie einen deutlichen Strich neben den Sätzen anbringen, die Ihrer Meinung nach am wichtigsten sind. Nehmen Sie gleichzeitig auf Ihrem eigenen Blatt Streichungen vor, damit Sie die Kontrolle darüber behalten, wofür Sie bereits abgestimmt haben. Sie dürfen nicht alle Ihre Stimmen verbrauchen, denn wenn Sie dies tun, werden andere das Endergebnis mehr beeinflussen als Sie selbst. Stillarbeit.

- Zählen Sie die Punkte zusammen. Wenn Sie festgelegt haben, dass über fünf Vorschläge abgestimmt werden soll, und Sie fünf Vorschläge haben, die sich durch die meisten Punkte herausheben, sind Sie fertig. Dasselbe gilt, wenn Sie zum Beispiel drei Ideen haben, die sich durch die meisten Punkte herausheben, und danach zwei mit derselben Anzahl haben.

Gold, Silber und Bronze

Dieses Abstimmungsverfahren kann eingesetzt werden, wenn ein Gewinner ermittelt oder abgeklärt werden soll, ob es Vorschläge gibt, die noch interessanter als die anderen Vorschläge sind. Gold, Silber und Bronze lässt sich als Abstimmungsverfahren für mehrere Werkzeuge einsetzen: Brainstorming mit gelben Zetteln und ohne gelbe Zettel (S. 10 und S. 12), Galerie-Rundgang (S. 17), Y-Diagramm (S. 28), Café-Runde (S. 31), Denkhüte (S. 44), PMI (S. 62), Fischgrätendiagramm (S. 82) und Verwandtschaftsdiagramm (S. 112).

Wie wird „Gold, Silber und Bronze" eingesetzt?

Jeder Teilnehmer kann drei Punkte an den seiner Meinung nach wichtigsten, zwei Punkte an den zweitwichtigsten und einen Punkt an den drittwichtigsten Vorschlag vergeben. Dies geschieht, indem jeder Teilnehmer deutliche Zahlen neben die drei Vorschläge setzt, über die er abstimmen möchte, wonach dann zusammengerechnet wird. Um Zeit zu sparen, kann der Gruppenleiter auch alle Teilnehmer einzeln befragen, die dann mündlich beantworten, wofür sie jeweils gestimmt haben. Rechnen Sie die Punkte zusammen, und überprüfen Sie, ob Sie Vorschläge für die Plätze Gold, Silber und Bronze gefunden haben. Haben zwei Vorschläge dieselbe Punktzahl erhalten, kann man einen Gewinner ziehen oder akzeptieren, dass man zwei Gewinner hat.

Ich leite eine Kita

Zehn Stimmen

Dieses Abstimmungsverfahren kann für Brainstorming mit gelben Zetteln (S. 10), Galerie-Rundgang (S. 17), PGP (S. 24) und Café-Runde (S. 31) eingesetzt werden. Dieses Verfahren eignet sich gut zur Bewertung vieler unterschiedlicher Vorschläge.

Wie wird „Zehn Stimmen" eingesetzt?

Einigen Sie sich anfangs darauf, über wie viele Vorschläge abgestimmt werden soll.

Jedes Gruppenmitglied hat insgesamt zehn Stimmen, und es wird die Möglichkeit bestehen, in zwei Durchgängen zu stimmen. Jeder Teilnehmer muss für sich selbst entscheiden, ob alle zehn Stimmen bereits in der ersten Runde oder alle zehn Stimmen für einen Vorschlag vergeben oder auf mehrere oder alle Vorschläge verteilt werden sollen. Es ist auch möglich, einige Stimmen in der ersten Runde einzusetzen und einige für Runde 2 aufzuheben. Denken Sie aber daran, dass jeder Teilnehmer zehn Stimmen insgesamt hat. Die Abstimmung erfolgt dadurch, dass die Teilnehmer einen deutlichen Strich setzen, was jeweils genau einer Stimme entspricht.

Dann werden die Stimmen ausgezählt. Haben alle ihre Stimmen bereits im ersten Durchgang aufgebraucht, ist die Abstimmung beendet.

Sollte jemand Stimmen aufgespart haben, können diese jetzt verteilt werden. Indem man einige Stimmen für Runde 2 aufspart, kann man taktisch mehr bewirken, als wenn man alle Stimmen bereits in der ersten Runde verteilt hat. Dann werden die Stimmen erneut ausgezählt. Gibt es viele Vorschläge mit derselben Punktzahl, kann man das Verfahren „Gold, Silber und Bronze" einsetzen. Besteht weiterhin Gleichstand, was selten passiert, entscheidet das Los.

Methoden, Werkzeuge und Vorlagen

Tagesordnung und Protokoll

Themen: ⇨ Analyse, Bewertung, Reflexion und Auswertung   ⇨ Planung

Tagesordnung

TAGESORDNUNG		
Art und Nummer der Besprechung:		
Datum:		
Nr.	Inhalt	Anlage

- Tragen Sie die Art der Besprechung ein, und weisen Sie jeder Besprechung eine eigene Nummer zu. Diese Nummer muss sich auch in den behandelten Themen und später im Protokoll widerspiegeln.
- Notieren Sie das Datum.
- In den beiden ersten Zeilen muss stets die Genehmigung der Tagesordnung und danach die Genehmigung des Protokolls angeführt sein.
- Themen, die nicht erledigt wurden – „die offen sind" –, werden ausgesetzt. Das kann bedeuten, dass man sich eventuell auch noch mit Themen aus dem Vorjahr befassen muss, zum Beispiel Thema 3.11 von 2014, während man sich bereits im Jahr 2015 befindet. Dann wird das entsprechende Thema folgendermaßen ausgesetzt: 3.11/14. „Offene" Themen müssen vollständig ausgesetzt werden, bis sie behandelt wurden.
- Themen, die seit dem letzten Mal aufgetaucht sind, werden ausgesetzt. Schreiben Sie nicht viel, sondern sorgen Sie dafür, dass Anlagen erstellt werden – insbesondere bei komplizierten und umfangreicheren Themen. Die Anlagen dienen als Vorbereitungen auf die Themen, damit eine Besprechung leichter und schneller verläuft. Die Anlagen können Fakten, registrierte Daten und ähnliches enthalten. Mitunter sind es auch externe Personen, die

Ich leite eine Kita

	TAGESORDNUNG	
	Art und Nummer der Besprechung: Teamleitungsbesprechung 3/2015 **Datum:** 19. Februar 2015	
Nr.	**Inhalt**	**Anlage**
1.3	Genehmigung der Tagesordnung	
2.3	Genehmigung des Protokolls der letzten Besprechung 2/15.	Anlage
4.1/15	Einkauf einer elektronischen Tafel, zuständig: M.L.	
3.3	Vorschlag zum Inhalt, Zuweisung der Zuständigkeiten usw. für die gemeinsame Elternversammlung am 22.04.15.	Anlage
4.3	Vorschlag der Kindertagesstättenabteilung zur Anhörung, geänderte Führungsstruktur. Frist für Anhörungsbericht: 01.06.15.	Anlage
5.3	Mitteilung über letzte Frist (02.05.15) für das Qualitätssicherungssystem – wie ist hier der Stand der Dinge?	
5.11/14	Mitteilung über Entwicklung in der Sache zur Hospitation, zuständig: L.L.	
6.3	Sonstiges.	

Beispiel für eine ausgefüllte Tagesordnung

die Anlagen erstellt haben. Dies kann beispielsweise der Fall sein, wenn jemand Themen hinsichtlich einer Anhörung zugewiesen bekommt.

- Der Punkt „Sonstiges" muss stets dabei sein, aber es dürfen niemals Beschlüsse unter Sonstiges gefasst werden. Eventuell gibt es einen Punkt, der während der Besprechung nur wenig Zeit in Anspruch nehmen wird. Der Punkt Sonstiges kann zum Beispiel eine ganz einfache Mitteilung darüber enthalten, dass zwei neue Fachbücher eingekauft oder eine neue Vorschrift erlassen worden seien und ähnliches. Es kann sich auch um Themen handeln, deren Erörterung man sich erst für die nächste Besprechung wünscht, und die auf diesem Wege als Themen angekündigt werden.

Protokoll

PROTOKOLL		
Art und Nummer der Besprechung:		
Datum:		
Nr.	Inhalt	Zuständig/Frist

Was war gut?	Was hätte anders sein können?

- Sorgen Sie dafür, dass Art, Nummer und Datum der Besprechung denen auf der Tagesordnung entsprechen.
- In den beiden ersten Zeilen muss stets angeführt sein, ob die Tagesordnung genehmigt wurde. Tragen Sie eventuelle Änderungen ein. Dasselbe gilt für das Protokoll.
- Verwenden Sie dieselbe Nummer wie in der Tagesordnung, und vermerken Sie kurz, welche Schlussfolgerung Sie gezogen haben.
- In der Rubrik Zuständig/Frist können Namen oder Initialen stehen. Die Frist muss als exaktes Datum angeführt sein.
- Setzen Sie ruhig Plus-Delta ein!

Ich leite eine Kita

PROTOKOLL		
Art und Nummer der Besprechung: Teamleitungsbesprechung 3/2015 **Datum:** 19. Februar 2015		
Nr.	**Inhalt**	**Zuständig/Frist**
1.3	Die Tagesordnung wurde genehmigt; ein Thema zur Kenntnisnahme unter „Sonstiges".	
2.3	Protokoll 2/15 wurde genehmigt.	
4.1/15	M.L hat mitgeteilt, dass die Bestellung der elektronischen Tafel inzwischen eingereicht worden sei und sie in Kalenderwoche 12 in der Kindertagesstätte eintreffen werde.	
3.3	Inhalt, Zuweisung der Zuständigkeiten, Einladung usw. für gemeinsame Elternversammlung am 22.04.15 wurden diskutiert und entschieden. JR ist der Hauptzuständige für alle Einzelheiten.	JR 15.04.15
4.3	Der Vorschlag der Kindertagesstättenabteilung zur Anhörung (geänderte Führungsstruktur), wurde diskutiert, und es wurde bestimmt, das das Thema bei der Personalbesprechung am 06.05.12 diskutiert wird, bevor der Bericht verfasst wird. SK ist für die Vorlage des Vorschlags bei der Personalbesprechung zuständig. NBN ist für die Erstellung des Anhörungsberichtes zuständig.	SK 06.05.15 und NBN 01.06.15
5.3	BG informierte über letzte Frist (02.05.15) für das Qualitätssicherungssystem. Wir sind absolut im Plan und können die Arbeitsergebnisse der ReKo-Gruppe bei der Personalbesprechung am 07.04. vorlegen. ØS kauft Kuchen ein!	BG 07.04.15 ØS 07.04.15
5.11/14	LL informierte über die Entwicklung der Sache zur Hospitation. Vorläufig keine Klärung; neue Besprechung in der interdisziplinären Gruppe in einer Woche.	
6.3	Sonstiges: Es kommen zwei neue Dreijährige in die gelbe Abteilung ab dem 01.03.15.	

Beispiel für ein ausgefülltes Protokoll, das in Zusammenhang mit der Tagesordnung steht

Methoden, Werkzeuge und Vorlagen

Maßnahmenplan

Themen: ⇨ Planung

ZIEL ....

ZUSTÄNDIG ....

FRIST ....

Nr.	Vorhaben/Maßnahme	zuständig	Frist	Kosten	√

Ich leite eine Kita

Handlungsplan

Themen: ⇨ Planung

Schwerpunktbereiche	Ziel	Zuständigkeit	Frist zur Durchführung	Wann und wie soll das Ergebnis bewertet werden?

Checkliste für ein Mitarbeitergespräch

Themen: ➪ Kompetenzentwicklung

ZIEL ....

ZUSTÄNDIG ....

FRIST ....

1 Weiterverfolgung des vorhergehenden Gesprächs

Schlussfolgerung/Notizen vom letzten Gespräch.

Welche Ziele/Ergebnisse haben Sie erreicht?

....

....

....

Was ist noch offen, und was ist der Grund dafür?

....

....

....

2 Wie erleben Sie die Arbeitssituation?

Sind die physischen Verhältnisse o.k.?

....

....

....

Was würden Sie über die psycho-sozialen Verhältnisse sagen?

....

....

....

Ich leite eine Kita

Sind Ihr Arbeitsvolumen und Ihre Arbeitsaufgaben o.k.?

....

....

....

Wie erleben Sie die Arbeitsverteilung in der Abteilung und am Arbeitsplatz insgesamt?

....

....

....

Sind alle Arbeitsabläufe, Mindeststandards und Vorgehensweisen an Ort und Stelle?
Wenn Nein, was fehlt noch? Machen Sie Vorschläge!

....

....

....

Was erleben Sie an Ihrem Arbeitsplatz als positiv?

....

....

....

Was könnte Ihrer Ansicht nach anders sein?

....

....

....

3 Voraussetzungen

Wie beurteilen Sie die Art und Weise der Beschlussfassung? Hätte etwas anders gemacht werden müssen? Bekommen Sie alle Informationen, die Sie Ihrer Meinung nach benötigen?

....

....

....

In welchem Umfang können Sie eigene Entscheidungen fällen und Ihre Arbeit nach eigenem Ermessen einrichten?

....

....

....

4 Gegenseitige Rückmeldungen

Ich hätte gern, dass Sie sich mit Folgendem etwas mehr beschäftigen (erläutern Sie, weshalb):

Von Leitung an Mitarbeiter:

....

....

....

Von Mitarbeiter an Leitung:

....

....

....

Ich leite eine Kita

Ich hätte gern, dass Sie sich mit Folgendem etwas weniger beschäftigen (erläutern Sie, weshalb):

Von Leitung an Mitarbeiter:

....

....

....

Von Mitarbeiter an Leitung:

....

....

....

Ich hätte gern, dass Sie sich auch weiterhin mit Folgendem beschäftigen (erläutern Sie, weshalb):

Von Leitung an Mitarbeiter:

....

....

....

Von Mitarbeiter an Leitung:

....

....

....

5 Ziele und Entwicklungsmaßnahmen

Welche Ziele müssen wir für den nächsten Zeitraum festlegen?

....

....

....

Welche Entwicklungsmaßnahmen würden Sie gern für sich selbst vorschlagen und wie würden diese mit den Zielsetzungen des Unternehmens und Ihren eigenen Arbeitsaufgaben zusammenhängen?

....

....

....

Welche Entwicklungsmaßnahmen würden Sie für den Arbeitsplatz insgesamt vorschlagen? Begründen Sie bitte Ihren Vorschlag:

....

....

....

6 Andere Umstände, die sich auf die Arbeit auswirken könnten

....

....

....

Diese Angaben dürfen bei einem eventuellen Führungswechsel vollständig weitergegeben werden.

....
Unterschrift der Leiterin/des Leiters   Unterschrift des Mitarbeiters/der Mitarbeiterin

Ich leite eine Kita

Ich leite eine Kita. Fachwissen, Werte und Erfolgsgeschichten

Es ist die tägliche Praxis, die der Prüfstein dafür ist, wie gut die Qualität ist, die eine Kindertagesstätte Kindern und Eltern anbieten kann. Das Buch **Ich leite eine Kita. Fachwissen, Werte und Erfolgsgeschichten** erläutert, wie wir konkret arbeiten können, damit wir stets so handeln, wie wir es müssen und versprechen – unabhängig von der Abteilung, der Stammgruppe oder einzelnen Angestellten. Die Fragen des Buches lauten unter anderem:

- Wie können wir eine Kindertagesstätte auf Basis gemeinsamer Werte führen?
- Weshalb sollten wir eine Qualitätsliste und Mindeststandards haben?
- Weshalb ist die Abklärung von Erwartungen so zentral – sowohl gegenüber Kollegen als auch gegenüber Eltern?
- Weshalb erfolgt keine Änderung der Praxis, obwohl alle Angestellten Seminare besucht haben sowie inspiriert und begeistert zur Kindertagesstätte zurückgekehrt sind?
- Wie sollen wir gewährleisten, dass wir auch weiterhin das machen werden, was wir sagen?

Die Autoren sind sowohl an allem interessiert, was im Alltag am besten funktioniert, als auch daran, dass es auf die kleinen Details ankommt und dass Änderungen und Entwicklungen Zeit in Anspruch nehmen. Vor diesem Hintergrund bringen sie Theorien, Forschungsergebnisse und Erfahrungsberichte aus anderen Themenbereichen und anderen Ländern ein. Es gibt keine „fixen Ideen" für die Qualität in Kindertagesstätten!

Ich leite eine Kita. Fachwissen, Werte und Erfolgsgeschichten ist ein praxisnahes Buch – voller Beispiele und Erfahrungen, wie andere Kitas mit Veränderungen und Entwicklungen umgehen. Das Buch kann von und mit allen benutzt werden, die in und im Zusammenhang mit Kindertagesstätten arbeiten. Als Leser werden Sie unterschiedliche Modelle vorfinden, die dazu geeignet sind, einen Weg für neue Gedanken und Perspektiven zu bahnen – sowohl für einzelne Angestellte als auch für das gesamte Personal.

Über die Verfasser

Grete Helle

Grete Helle ist seit 1975 ausgebildete Vorschulpädagogin. In Kindertagesstätten war sie sowohl als Praktikantin, pädagogische Leiterin als auch in der Kita-Leitung tätig. Darüber hinaus hat sie als Vertreterin (in Vollzeit) im Norwegischen Lehrerbund (Norsk Lærerlag, seit 2002 die neue Lehrergewerkschaft Utdanningsforbundet) gearbeitet, war Leiterin des Ressorts für Kultur und Erziehung der Kommune Oslo, Rektorin der Schule zur Ausbildung zum Spediteur (Speditørskolen) sowie Leiterin der Verwaltung eines Berufsverbandes (YS-forbund), wo sie einen Fusionsprozess dreier Gewerkschaftsverbände leitete. 2003 gründete sie zusammen mit Tom Rune Fløgstad Ringer i Vann (Kreise im Wasser). Seitdem waren sie in einer Reihe von Entwicklungsprojekten ganzer Regionen, Kommunen, Schulen und Kindertagesstätten im In- und Ausland tätig.

Tom Rune Fløgstad

Tom Rune Fløgstad ist sowohl ausgebildeter Vorschulpädagoge als auch Marketing-Experte. Er hat umfassende berufliche Erfahrungen, war unter anderem pädagogischer Leiter in Kindertagesstätten, Vertreter (in Vollzeit) im Norwegischen Lehrerbund (Norsk Lærerlag, seit 2002 die neue Lehrergewerkschaft Utdanningsforbundet), Leiter des Ressorts für Gesundheit, Umwelt und Sicherheit der Kommune Oslo, Leiter des Ressorts für Kultur und Erziehung der Kommune Oslo, Projektleiter und Personalbeauftragter des Kindertagesstättenverbandes (Barnehageforbundet, Kanvas) sowie Senior-Berater und Beauftragter für Qualitätsentwicklung des öffentlichen Sektors bei Excellence Norway, dem nationalen Qualitätsverband in Norwegen. Er hat einige Jahre Schulungen in den Bereichen Qualitätssicherung und Qualitätsentwicklung im öffentlichen Sektor durchgeführt und Norwegen in internationalen Qualitätsforen vertreten.

Ich leite eine Kita

Ringer i Vann – Kreise im Wasser

Grete Helle und Tom Rune Fløgstad sind im Unternehmen **Ringer i vann** tätig, das seit seiner Gründung 2003 an einer Reihe umfassender Entwicklungsprojekte an norwegischen Kindertagesstätten und Schulen beteiligt gewesen ist. Es ist eines von wenigen norwegischen Fachinstituten, die sich sowohl mit der Entwicklung von Schulen als auch Kindertagesstätten befassen. Ihr großes Anliegen dabei ist, das kindliche Heranwachsen nicht gesondert zu betrachten, sondern dem Ansatz zu folgen, dass „alles mit allem zusammenhängt".

Ringer i vann war als Fachinstitut an mehreren Entwicklungsprojekten für die Norwegische Bildungsbehörde *(Utdanningsdirektoratet)* tätig und ist derzeit als Fachinstitut für die Norwegische Handelshochschule in Bergen im Rahmen der nationalen Ausbildung von Führungskräften in Kindertagesstätten tätig. Grete Helle und Tom Rune Fløgstad haben sechs Fachbücher über die Entwicklung von Schulen und Kindertagesstätten verfasst, die im *Kommuneforlaget* in Norwegen erschienen sind.

Ringer i vann hat ein großes internationales Netzwerk und sich unter anderem mit der Qualitätsentwicklung in Schulen und Kindertagesstätten in Deutschland beschäftigt. Darüber hinaus hat das Unternehmen 15 Studienreisen für norwegische Schulen und Kindertagesstätten nach Neuseeland organisiert.